»Ist teurer Wein immer gut und – muß guter Wein immer teuer sein?«

Auch Wein über 30 Mark kann schwach oder unharmonisch schmecken. Doch grundsätzlich ist bessere Qualität teurer, weil die Produktionskosten höher sind, der Winzer mehr Arbeit in die Pflege der Reben und die Ernte der Trauben steckt und dem Wein mehr Zeit zur Reife läßt. Zusätzlich hängt der Preis vom Renommée einer Region ab. Ein Bordeaux ist daher immer teurer als ein vergleichbarer Wein aus Chile.

»Gibt es trinkbaren Wein oder Sekt unter zehn Mark?«

Auf jeden Fall. Sie finden bei einem seriösen Weinhändler oder in einem gut sortierten Supermarkt auch in dieser Preiskategorie ordentliche Weine – für den Abend auf der Terrasse, das Picknick am Strand oder die Party zuhause.

»Wo kaufe ich am besten meinen Wein?«

Aus Weinzeitschriften erfahren Sie Adressen von guten Winzern und Weinhändlern wie im Feinschmecker, Wein Gourmet, Vinum oder Alles über Wein. Selbst in manchen Supermärkten wie Aldi und Karstadt lassen sich durchaus ordentliche Weine finden. Gut ist, wenn man den Wein vor dem Kauf probieren kann, wie im Jacques' Weindepot.

»Was ist Weinstein?«

Weinstein ist kein Zucker und kein Weinfehler. Es handelt sich um Ablagerungen der Weinsäure, die man als kleine Kristalle manchmal in der Flasche bzw. im Glas findet. Diese Teilchen heißen chemisch Kaliumhydrogentartrat und haben keinerlei Einfluß auf den Geschmack. Sie sind ein Zeichen von Qualität und häufig in deutschen Weißweinen zu finden.

»Was versteht man unter einem korkigen Wein?«

Korkiger Wein riecht und schmeckt muffig und modrig. Er entsteht durch Zusammentreffen von Chlor und besonderen Schimmelpilzen, entweder im korkenproduzierenden Betrieb oder im Weinkeller. In der Regel nehmen Händler und Winzer korkigen Wein anstandslos zurück, auch im Restaurant können Sie eine neue, einwandfreie Flasche verlangen.

»Was bedeutet Oxidation?«

Im Faß und später während der Reife in der Flasche kommt der Wein mit Sauerstoff in Kontakt. Langsam verändert sich dadurch seine Farbe – Weißwein wird immer goldener, dunkelroter bis violetter Rotwein changiert zu Granatrot. Auch der Geschmack wandelt sich: Hat der Wein seinen Höhepunkt überschritten, wirkt er müde, riecht und schmeckt dünn und säuerlich.

INHALT

SCHNELLES WEINWISSEN
DIE 25 HÄUFIGSTEN FRAGEN ...

»Wie unterscheide ich guten von schlechtem Wein?«

Ihr Geschmack allein entscheidet, ob ein Wein gut oder schlecht ist. Entwickeln Sie Mut zum eigenen Urteil, denn die Qualität eines Weins kann man nicht messen, selbst berühmte, teure Weine schmecken nicht jedem. Neben Unterschieden im persönlichen Geschmacksempfinden gibt es jedoch auch fehlerhafte Weine, bei denen entweder beim Winzer oder bei der Lagerung etwas schiefgelaufen ist. Vertrauen Sie Ihrer Nase: Ein Wein mit Fehlern riecht zum Beispiel muffig oder nach Essig.

»Was ist gepanschter Wein?«

Das bedeutet, daß der Wein verbotenerweise mit artfremden Zusätzen vermengt wurde, wie zum Beispiel Anfang der achtziger Jahre von einigen österreichischen Winzern mit Glykol. Das Mischen (oder Verschneiden, wie der Fachbegriff lautet) von Weinen aus verschiedenen Fässern (Assemblage), Rebsorten oder Jahrgängen (Cuvée) ist dagegen eine hohe Kunst. Auf diese Weise entstehen fast alle Champagner oder Bordeauxweine.

»Kann ich verschiedene Weine durcheinander trinken?«

Ohne Probleme, vorausgesetzt, Sie trinken nicht zuviel. Denn höchstens die Menge, selten aber die Mischung ist verantwortlich für den Kater am nächsten Morgen. Als Genießer sollte man jedoch stets Weiß vor Rot trinken. Ein leichter Schaumwein zum Beispiel, den man nach einem schweren Rotwein im Glas hat, geht geschmacklich völlig unter.

»Was ist Diabetikerwein? «

Trockener Wein mit maximal vier Gramm Restzucker pro Liter. In Deutschland ist er am grünen Weinsiegel mit speziellem Rückenetikett zu erkennen.

»Was ist Depot?«

Als Depot bezeichnet man feine, aber auch grob-kristalline Ablagerungen auf dem Flaschenboden, nicht zu verwechseln mit Weinstein. Es handelt sich um eine natürliche Folge des Reifeprozesses von Rotweinen. Ältere Rotweine sollten in der Regel dekantiert, das heißt in eine Glaskaraffe umgefüllt werden. Beim langsamen Umgießen wird der klare Wein vom trüben Depot abgetrennt.

»Was sind Leichtweine? «

Alkoholschwache Weine. Die besten natürlichen Weißweine mit höchstens 9 Volumenprozent Alkohol wachsen im deutschen Anbaugebiet Mosel-Saar-Ruwer.

»Was bedeutet *firn*?«

Gleichbedeutend mit Alterston, der Wein wurde zu lange oder falsch gelagert und schmeckt daher nicht mehr frisch, sondern müde. Der Duft erinnert an Sherry.

»Wie hält man ein Weinglas in der Hand?«

Niemals mit der ganzen Hand um den Kelch, sondern immer am Stiel, zwischen Daumen und Zeigefinger, sonst erwärmt sich gerade Weißwein zu schnell.

»Warum schmecken aus dem Urlaub mitgebrachte Weine zu Hause oft nicht mehr so gut?«

Selbst ein einfacher Wein schmeckt in entspannter Feriensituation einfach besser als zuhause. Auch die salzige Luft am Meer oder die glasklare Luft in den Bergen beeinflußt das Aroma eines Weins. Bringen Sie daher lieber nicht zu große Mengen aus den Ferien mit. Häufig ist die Enttäuschung groß, wenn der Chianti, mit dem so mancher Urlaubsabend zum Erlebnis wurde, zuhause gar nicht mehr so toll schmeckt.

»Kann man einen Wein gleich nach dem Transport trinken?«

Es kommt darauf an, wie lange der Wein transportiert wurde, wie holperig die Strecke und wie hoch die Temperatur war. Junge Weine überstehen kurze Fahrten innerhalb einer Stadt ohne Probleme. Reifere bzw. ältere Weine müssen dagegen stets ein bis zwei Wochen ausruhen.

»Wie und wo kühlt man einen Weißwein am besten?«

Langsam und schonend, am besten im Kühlschrank. Noch besser ist ein Weintemperierschrank wie von Chambrair, Liebherr oder Eurocave. Muß es schnell gehen, kann man seinen Weißwein oder Sekt auch in der Kühltruhe runterkühlen. Trotz Tiefsttemperaturen leidet das Aroma nicht so wie vermutet. Schnell gehts auch in einem Kübel mit Eiswürfeln. Toll, besonders für ein Picknick, sind mit Kühlflüssigkeit gefüllte Manschetten, die man über die Flasche stülpt. Fragen Sie Ihren Weinhändler danach.

»Was bedeutet umkippen?«

Siehe Oxidation. Ein Wein hat seinen Reifehöhepunkt überschritten, und aus dem Alkohol wird allmählich Essig.

»Warum ist Rotwein bekömmlicher als Weißwein?«

Rotweine enthalten weniger Säure, aber mehr Mineralstoffe, Vitamine, Spurenelemente und Gerbstoffe (Tannine). Moderat genossen, wirkt Rotwein bei Herz- und Kreislauferkrankungen und sogar bei Nierensteinen wie Medizin.

»Wie lange kann ich eine angebrochene Weinflasche aufbewahren?«

Junge Weißweine mit Frucht und guter Säure halten im Kühlschrank mehrere Tage ohne großen Qualitätsverlust durch. Auch kräftige Rotweine mit viel Nachhall am Gaumen bleiben nach dem Entkorken etwa 1–3 Tage gut trinkbar. Generell gilt: Ältere, reife Weine besser gleich austrinken.

»Muß ein Rotwein atmen und was bedeutet das?«

Durch mehr Sauerstoff können sich die Aromen besser entfalten. Frühzeitiges Entkorken allein bringt kaum etwas – dafür ist die Flaschenöffnung zu klein. Sinnvoll ist dagegen das Umfüllen in eine Karaffe.

»Kommt der Kater am nächsten Morgen vom Schwefel?«

Sicher nicht. In fast allen Weinen ist die Schwefelkonzentration so gering und nur selten der Grund für Kopfschmerzen. Die Ursache dafür ist meist zuviel Alkohol oder die Verbindung von Alkohol und Nikotin.

»Was sind Parker-Punkte?«

US-Weinkritiker Robert M. Parker jun. vergibt Bewertungspunkte, an denen sich heute viele Weinfreunde orientieren, statt sich auf ihren eigenen Geschmack zu verlassen. Über die Folgen von Parkers Einfluß auf die Weinproduktion in aller Welt lesen Sie auch weitere Infos auf Seite 57.

»Muß man Kenner sein, um Wein genießen zu können?«

Überhaupt nicht. Genuß hat viel weniger mit Weinwissen zu tun als mit Freude und Atmosphäre. Vielen sogenannten Kenner geht es vor allem um Prestige und Anerkennung. Ihr großes, oft theoretisches Wissen bedeutet aber nicht automatisch, daß sie Wein wirklich genießen können. Wein hat vor allem etwas mit dem Bauch zu tun. Wenn man sich wohlfühlt, können selbst einfache Weine schmecken.

»Warum trinken Frauen lieber Champagner als viele Männer?«

Champagner war für Frauen schon immer ein Aphrodisiakum. Er prickelt schön auf der Zunge, zaubert einen rosaroten Schimmer auf die Wangen und betört die Sinne. Auch Madame de Maillys, die Geliebte Ludwigs XV. war eine große Champagnerfreundin. Für sie ist er der einzigste Wein, der eine Frau in Schönheit erblühen läßt.

... UND 20 WEITVERBREITETE IRRTÜMER

»Jeder Wein kann altern«

Nein. Die meisten Weine schmecken frisch und jung am besten. Unkomplizierte, leichte Sommerweine sollten im Jahr nach ihrer Abfüllung getrunken werden. Viele Qualitätsweine erreichen, wenn sie kühl und dunkel gelagert wurden, nach vier bis fünf Jahren ihren Reifehöhepunkt. Allgemein gilt: Je höher die Qualität, desto eher kann ein Wein, abhängig von der Traubensorte, harmonisch altern. Lange Lebensdauer wird garantiert durch eine hohe Säure zusammen mit viel Restsüße, wie bei Beeren- und Trockenbeerenauslesen von der Rieslingtraube.

»Weine in edlen Flaschen sind von höherer Qualität«

So pauschal läßt sich das nicht sagen. Ursprünglich argwöhnten Weinkenner sogar, daß durch noble Aufmachung vom eher mittelmäßigen Inhalt abgelenkt werden sollte. Doch immer öfter achten mittlerweile auch gute Winzer auf eine edle Ausstattung ihrer Flaschen. Sie wissen: Das Auge trinkt mit.

»Zu Fisch paßt kein Rotwein«

Überzeugen Sie sich selbst vom Gegenteil und probieren Sie ein Glas roten Burgunder zu gebratener Rotbarbe oder gegrilltem Lachs. Der Rotwein sollte etwas Säure, aber nicht zuviel Tannin besitzen, denn Gerbsäure verträgt sich nicht mit Fisch und kann in dieser Kombination leicht metallisch schmecken.

»Schlechter Jahrgang – schlechter Wein«

Stimmt nicht. In schlechten Jahren entsteht aber nur dann guter Wein, wenn der Winzer sein Handwerk versteht. Auch nach viel Regen und wenig Sonne werden immer einige Trauben am Stock reif. Qualitätswinzer verwenden nur reifes Lesegut, unreife und faule Trauben lassen sie hängen. Das ist die Voraussetzung für gute Weine, allerdings fällt die Menge in solchen Jahren oft geringer aus und die Weine sind auch schneller trinkreif.

»Bier nach Wein, das laß' sein... «

Von beidem große Mengen getrunken, mag das angehen. Doch ein Bier kann nach vielen Weinen durchaus magenberuhigend wirken und Mineralstoffe zuführen. Viele Weinprofis zischen nach ausgiebigen Weinproben ein Bier.

»Ein großer Wein schmeckt in der Jugend nicht«

Das war früher fast immer so. Heute schmecken Topweine oft schon in der Jugend. Allerdings: Nach zwei bis vier Jahren können sich manchmal große europäische Weine verschließen. Sie riechen und schmecken dann kaum etwas. Ein bis zwei Jahre später öffnen sie sich wieder und entwickeln reifere Geschmacksnuancen.

»Das Weinglas ist doch egal«

Wenn der Wein nur zur Erfrischung dienen soll, stimmt das. Ansonsten gilt: Das richtige Glas betont die Vorzüge eines Weines. Ein gutes Glas ist kein Schnickschnack, hat nichts mit Etikette oder Prestige zu tun. Probieren Sie es selbst aus: Kaufen Sie sich ein Weißweinglas eines renommierten Herstellers, zum Beispiel aus der Serie Ouverture der österreichischen Firma Riedel und füllen Ihren liebsten Weißwein

in dieses Glas, in eine Sektschale, ein Wasserglas und in das Weinglas, woraus Sie sonst Ihren Wein trinken. Nun riechen und schmecken Sie mal. Sie werden über die Unterschiede staunen.

»Rotwein wird bei Zimmertemperatur getrunken«

Ein Relikt vergangener Zeiten, als die Kamine in den Burgen und Schlössern die Temperatur auf höchstens 18 Grad Celsius brachten. Bei heutigen Zimmertemperaturen von 20 Grad und mehr leidet dagegen nach einiger Zeit das Aroma, und der Alkohol dominiert. Grundsätzlich gilt: Je jünger ein Rotwein, desto kühler sollte er getrunken werden.

»Die besten Rotweine kommen aus Frankreich«

Ja, einige der renommiertesten. Ansonsten findet man inzwischen überall auf der Welt Topweine.

»Barrique-Weine sind besser«

Nicht zwingend, außerdem absolute Geschmackssache und Modeerscheinung. Nur gute Weinqualitäten mit nicht zuviel Säure sind für den Ausbau im kleinen Holzfaß geeignet. Für optimalen Genuß, muß der Holzton mit der Frucht des Weins harmonieren und diese nicht überdecken. Ansonsten bereitet ein frisch-fruchtiger Roter viel mehr Spaß als einer aus dem Barrique, der nur nach Holz schmeckt.

»Wein ist eine Männerdomäne«

Mittlerweile müßten auch die Herren der Schöpfung wissen, daß Frauen über eine sensiblere Sensorik verfügen. Sie können also oft Weine besser probieren und beurteilen. Am meisten Spaß macht natürlich eine gemeinsame Probe.

»Champagner ist immer besser als jeder andere Schaumwein«

Es gibt weniger gute und gute Champagner, mit denen hochwertige Schaumweine aus Italien, Deutschland, Österreich oder Übersee durchaus mithalten. Topchampagner jedoch sind unschlagbar und purer Luxus für die Sinne.

»In Deutschland gibt es keine guten Rotweine«

In der Pfalz, in Baden, an der Ahr und in Württemberg wachsen mittlerweilen vor allem wundervolle Spätburgunder, Lemberger, sogar Cabernet Sauvignons. Aufsteiger sind die dunkelfarbigen, beerigen Weine aus der Dornfeldertraube oder die frisch-fruchtigen Rotweine der Sorte Regent. International sorgt die Rotweinqualität von deutschen Spitzenwinzern zunehmend für Verblüffung und wachsende Anerkennung.

»Wein macht dick«

Ein Glas trockener Weißwein enthält etwa 110, ein Glas Rotwein ungefähr 140 Kalorien, etwa soviel wie ein Glas Bier. Vom Wein nimmt man im Vergleich nicht so schnell zu, weil der höhere Kaliumgehalt diuretisch, das heißt entwässernd, wirkt. Wein zum Essen fördert nachweislich die Verdauung.

»Deutsche Weine sind immer sauer«

Ein hartnäckiges Vorurteil. Doch heute gibt es in Deutschland viele herrliche Weine von unvergleichlicher Aromenvielfalt und verführischem Süße-Säure-Spiel. Die schmecken gar nicht sauer, dafür aber viel fruchtiger und lebendiger als Pinot grigio & Co und bleiben länger frisch und munter.

»Diabetiker können keine süßen Weine trinken«

Keine Angst, Weine bis 20 Gramm Gesamtzucker pro Liter sind für Diabetiker geeignet, da sie viel mehr von der gut verträglichen Fructose (Fruchtzucker) und weniger (max. 4g/l) von der gefährlichen Glucose (Traubenzucker) enthalten. Selbstverständlich sollten Sie nur nach Absprache mit Ihrem Arzt zu den lieblichen Weinen greifen.

»Weinprofis haben immer recht«

Würden sie gern, viele reden oder schreiben auch so. Hören Sie zu, wenn ein erfahrener Weinprofi Aroma, Geschmack, Struktur und Potential eines Weines beschreibt, aber lassen Sie sich nicht in Ihrem eigenen Urteil irritieren. Weinkennerschaft hat vor allem etwas mit Seele und Gefühl zu tun, weniger mit angelesener Theorie.

»Täglicher Weingenuß macht krank«

Im Gegenteil, wenn die richtige Dosis, etwa ein Vierteliter Wein zum Essen, eingehalten wird. Ein altes deutsches Sprichwort sagt: »Es gibt mehr alte Weintrinker als alte Ärzte.«

»Sekt, Champagner und Prosecco müssen liegen«

So lautete lange Zeit die Empfehlung. Inzwischen hat man festgestellt: Durch waagerechte Lagerung quillt der Korken stärker auf. Dadurch treten häufiger Korktöne auf. Deshalb sollten Schaumweine mit Naturkorken aufrecht und wie immer schön kühl und dunkel lagern. Bei Schaumweinen mit Kunststoffverschluß spielt die Art der Lagerung dagegen keine Rolle. Sie sind sowieso für den baldigen Genuß gedacht.

»Korken ist immer der beste Flaschenverschluß«

Schlechte Korken brechen beim Öffnen einer Flasche ab, zerfallen in tausend Brösel oder verursachen geschmackliche Veränderungen und immer öfters den gefürchteten Korkgeschmack. Verkorkte Weine schmecken muffig. Daher sind Schraubverschlüsse die viel bessere Alternative. Nicht nur für Alltagsweine, die bald getrunken werden sollten, auch für gute bis sogar Spitzenweine. Was fehlt, ist der verheißungsvolle „Plopp" einer mit Kork verschlossenen Flasche.

Im Weinberg

Die Wein-Regionen der Welt

»Wo in der Welt wächst Wein?«

Weinreben sind anpassungsfähig und gedeihen am besten in gemäßigtem Klima. Sie werden in zwei erdumfassenden Zonen angebaut: Im Norden zwischen dem 40. und 50. Breitengrad (Europa, Nordafrika, Asien, Nordamerika), im Süden zwischen dem 30. und 45. Breitengrad (Südafrika, Chile, Argentinien, Uruguay, Australien, Neuseeland).

1 Großbritannien
2 Deutschland
3 Frankreich
4 Schweiz
5 Österreich
6 Tschechische Republik
7 Slowakische Republik
8 Ungarn
9 Portugal
10 Spanien
11 Italien
12 Ehem. Jugoslawien
13 Rumänien
14 Moldawien
15 Bulgarien
16 Krim (Ukraine)
17 Georgien
18 Türkei
19 Griechenland
20 Libanon
21 Israel

»Woher stammt die Weinrebe?«

Vermutlich aus den weiten Gebieten südlich des Kaukasus, dem heutigen Georgien. Man vermutet, daß vor etwa 7000 Jahren aus einer Wildrebe die heutige weintragende Kulturpflanze gezüchtet wurde.

»Wie sind die heutigen Weinregionen entstanden?«

Neben klimatischen Bedingungen waren günstige Transportwege wichtig. So wurden die Rebstöcke bevorzugt in Fluß- oder Meeresnähe gepflanzt, denn den Wein in Schläuchen oder Fässern über Land zu transportieren war viel zu teuer und mühselig.

»Was unterscheidet die nördlichen Weinregionen von denen auf der südlichen Halbkugel?«

Je nördlicher eine Region liegt, umso weniger scheint die Sonne. Dadurch besteht die Gefahr, daß die Trauben nicht reif werden. Die Folgen sind weniger Alkohol und oft höhere Säure, in guten Jahren und bei exzellenter Weinbergsarbeit bekommt der Wein dafür mehr Struktur und Eleganz als in der südlichen Hemisphäre. Unter starkem Sonneneinfluß gedeihen hier weniger elegante, dafür aber alkoholreiche Weine mit saftig-beeriger Frucht und – das gilt vor allem für Rotwein – mit mehr Farbe. Die besten Weine der heißen Regionen gedeihen nicht ebenerdig, sondern, um der Hitze zu entgehen, die die Frucht marmeladig werden läßt in hochgelegenen Weinbergen, teils bis zu 600 Meter Höhe. In Kalifornien und Oregon, aber auch in Chile, Südafrika und Australien, hat sich aus diesem Grunde der Weinbau – besonders für Weißweine – in kühlere Zonen verlagert.

»Welche Länder erzeugen weltweit den meisten Wein?«

An erster Stelle liegt Italien mit etwa 68 Millionen Hektolitern, fast gleichauf folgt Frankreich, danach Spanien, die Staaten der ehemaligen Sowjetunion, Argentinien und die USA. Deutschland liegt in der Weinerzeugung mit etwa 13 Millionen Hektolitern weltweit an siebenter Position.

»Gibt es Länder oder Regionen, in denen jedes Jahr gute Weine wachsen?«

Vor allem in Europa, in den höheren und kühleren Lagen Kaliforniens, Australiens, Neuseelands, Chiles und Südafrikas – überall dort, wo größere Temperaturunterschiede zwischen Tag und Nacht herrschen. Das bringt dem Wein mehr Frische, Eleganz, Struktur, feinere Frucht und Weißweinen eine angenehme Säure.

VON DER PFLANZUNG BIS ZUR LESE

»Ab welchem Alter trägt ein Rebstock Trauben?«

Sofort im ersten Jahr nach der Pflanzung wachsen Trauben am Rebstock. Doch erst ab dem dritten Jahr trägt er eine ausreichend große Menge, um daraus Wein keltern zu können.

»Ist Weinqualität alter Reben besser?«

Ja! Ab einem Alter von etwa 25 bis 30 Jahren werden die Reben träger und produzieren weniger Trauben. Dadurch konzentrieren sich in jeder einzelnen Traube der Zucker, überhaupt alle wertvollen Inhaltsstoffe. Das bedeutet - geringerer Ertrag, aber höhere Qualität.

»Wodurch kann der Winzer den Ertrag verbessern?«

Im Winter beschneidet er die Reben, im Sommer kürzt er die zu langen, neuen Triebe und bindet sie anschließend hoch. Andernfalls würde der Rebstock wild wuchern, und die aufgenommenen Nährstoffe gingen nur in die Blätter, nicht in die Trauben. Das Ergebnis wäre ein nur geringer Ertrag von kleinen, sauren Trauben.

»Warum stehen in manchen Weinbergen Rosen vor den Rebzeilen?«

Nicht nur wegen des schönen Anblicks, sondern als Frühwarnsystem des Echten Mehltaus, lateinisch *Peronospora*, einer sehr gefährlichen Rebkrankheit. Noch bevor die Pilzkrankheit auf die Reben übergreift, würde sie sich auf den Rosenblättern mit ihren typischen weißen Flecken zeigen. So kann der Winzer noch etwas unternehmen, bevor der totale Ernteausfall droht.

»Warum ist die Reblaus so gefährlich?«

Diese kleine, sehr gefräßige Laus sticht die Rebwurzeln an und saugt die Nährstoffe raus, bis die Rebe langsam stirbt. Mitte des vergangenen Jahrhunderts gelangte die Reblaus (*Phylloxera vastatrix*) von Nordamerika nach Frankreich. In kürzester Zeit breitete sie sich in ganz Europa und auch in Übersee aus und richtete verheerende Schäden an.

Verschont blieben Chile, wo sie wohl Mühe hatte, die Anden zu überwinden und paradoxerweise Nordamerika, ihre ursprüngliche Heimat.

»Was sind reblausresistente Reben?«

Amerikanische Wildreben sind gegen den Vampirbiß der Laus resistent und dienen seit der Reblauskatastrophe, mit bestimmten europäischen Reben gekreuzt, in Europas Weinbergen als Unterlage, bilden also die Wurzel des Rebstocks. Darauf pfropft man ein Stück Rebholz der gewünschten Rebsorte, wartet solange, bis die Veredlungsstelle zusammengewachsen ist und pflanzt den jungen Schößling in den Weinberg.

»Wie kommt der Zucker in die Traube?«

Durch einen Prozeß, der im Blattinneren stattfindet und Photosynthese heißt. Dazu braucht die Rebe, wie alle grünen Pflanzen Wasser, Kohlendioxid aus der Luft und Sonnenenergie. Im Blatt wird Zucker gebildet, in die Trauben transportiert und dort eingelagert.

»Warum ergibt wenig Ertrag höhere Weinqualität?«

Niedrigere Erträge – besserer Wein. Das ist eine Regel, die überall auf der Welt gilt. Die Rebe nimmt während der Reifezeit eine bestimmte Menge Inhaltsstoffe (Zucker, Säuren, Mineralstoffe) auf. Ist der Ernteertrag klein, verteilen sich diese Stoffe auf wenige Trauben, die Qualität ist dementsprechend höher.

»Wann sind die Trauben reif?«

Nach Blüte und Frucht-
ansatz dauert die Reife – abhängig von Rebsorte, Klima und
Weintyp (trocken oder edelsüß) –
zwischen 40 und 70 Tage. In dieser Zeit steigt der Zuckergehalt
in den Trauben an, bei Rotweinen auch die roten Farbstoffe und
Tannine (Gerbstoffe). Die Säure
nimmt parallel dazu ab.

»Was ist Edelfäule?«

Wenn die Trauben reif sind, prall gefüllt mit süßem
Beerensaft, und das Wetter feucht und warm ist, vermehrt
sich auf der Traubenhaut leicht ein Schimmelpilz, lateinisch *Botrytis cinerea*. Er bohrt die Beerenhaut an, bis sie
durchlöchert ist wie ein Schweizer Käse. Das Wasser verdunstet, und die Trauben schrumpeln auf Rosinengröße, die
Konzentration der Inhaltsstoffe steigt an. So entstehen die
köstlichen Süßweine, wie zum Beispiel deutsche Beeren-
und Trockenbeerenauslese, Ausbruch in Österreich, Tokajer
in Ungarn, Sauternes in Frankreich.

»Was ist besser: Hand- oder Maschinenlese?«

Handlese ermöglicht eine bessere Trennung der guten
von unreifen und faulen Trauben, da jede einzelne Traube in
die Hand genommen wird. Die Maschine ermöglicht dagegen die schnelle Lese, wenn die Trauben reif sind und Regen
oder Unwetter drohen. Sie ist nicht geeignet für Hang- und
Steillagen, aber heute den in riesigen Flachlagen wie in Australien, Kalifornien und Südfrankreich voll im Einsatz.

»Welchen Vorteil bieten steile Hanglagen?«

In nördlichen Regionen wie in Deutschland, wo weniger Sonne scheint, können die Sonnenstrahlen die Reben in Steillagen wegen des besseren Einfallswinkels optimaler erreichen. Tagsüber speichert außerdem der Boden die Wärme und gibt sie nachts gleichmäßig an die Reben ab. Die Trauben reifen besser und letztlich auch gleichmäßiger. Viele Steillagen findet man im Ahrtal, am Mittelrhein, an Mosel-Saar-Ruwer, in Meißen, in Franken, an Saale-Unstrut und in Sachsen.

Klima, Boden und Lage

»Was sind die Voraussetzungen für guten Wein?«

Weinqualität beginnt im Weinberg, abhängig von der Lage des Weinbergs, der Rebsorte, dem Wetterverlauf - und den Fähigkeiten des Winzers. Ein guter Winzer achtet auf gesunde Trauben und den Ertrag. Wenn nötig, schneidet er unterm Jahr Trauben raus. Denn er weiß, ein nicht zu hoher Ertrag reifer und gesunder Trauben ist ist die Basis guter bis hoher Qualität.

»Welche Klimafaktoren sind für den Weinbau wichtig?«

Die Winter dürfen nicht zu hart sein. Sonst erfrieren die Reben. Ab Juli/August, brauchen sie für die Traubenreife ausreichend Sonne. Zuviel, läßt die Trauben zu schnell reifen und die Traubenfrucht würde in der Beere marmeladenartig einkochen. Ebenso wichtig ist der Niederschlag. Regnet es zuviel, faulen die Trauben, regnet es zuwenig, verdorren die Reben. Abhilfe schafft hier die sogenannte Tröpfchenbewässerung. Im Übermaß angewendet, blähen die Trauben mit Wasser auf, was zu Übererträgen dünner Weine führen könnte. Deshalb ist in Deutschland jede künstliche Bewässerung verboten. Außerdem regnet es hierzulande fast immer genug.

»Wie unterscheiden sich Weinbergslagen?«

Fährt man am Rhein, an der Ahr, an Mosel oder der Saar entlang, entdeckt man die Unterschiedlichkeit der Weinberge. Sie unterscheiden sich in Höhe und Neigung, sind mehr oder weniger durch Felsvorsprünge unterteilt oder auch von Wäldern geschützt. Das Licht- und Schattenspiel während des Tages zeigt, welche Parzellen mehr und welche weniger und wann Sonne abbekommen.
Je kühler das vorherrschende Klima, umso wichtiger ist der

Winkel der Sonneneinstrahlung und je heißer die Temperatur, das heißt je mehr Sonne scheint, umso wichtiger ist der Niederschlag und die Abkühlung während der Nacht.

»Welchen Einfluß hat der Boden auf die Weinqualität?«

Westeuropas Topwinzer halten die Bodenbeschaffenheit für sehr wichtig, und immer mehr Spitzenwinzer aus Übersee schließen sich dieser Auffassung an. Generell gilt: Je fruchtbarer der Boden, umso üppiger das Blattwachstum und umso geringer die Traubenqualität. Je karger und ärmer der Boden, umso höher die Weinqualität. Denn dort müssen die Reben ihre Wurzeln auf der Suche nach Wasser bis zu 15 Meter tief in den Boden treiben. Das bringt viel Streß für die Rebe und eine höhere Aufnahme von Nährstoffen. Böden mit hohem Steinanteil wie zum Beispiel Schieferböden (wie in der Region Mosel-Saar-Ruwer) speichern die Sonnenwärme und sorgen so für ein ganz besonderes Mikroklima.

»Welcher Boden bringt im Idealfall welchen Wein hervor?«

Kalk- und Kreideboden:
    = spritzige, finessenreiche, mineralstoffreiche Weine
    mit Struktur und im besten Fall viel Charakter
Lehmlößboden:
    = Kräftige Weine, weniger Säure, oft ausgeprägtes Aroma
Sandboden:
    =leichte, duftige Weine
Gesteinsverwitterungsboden (Schiefer, Granit, Porphyr):
    = Weine mit Struktur und vielschichtigem Aroma
    (besonders gut für Weißwein)
Tonboden:
    = Fette Weine mit viel Körper und Bukett
Vulkanboden:
    = füllige, feurige und geschmeidige Weine
    (Beispiel Kaiserstuhl und die außergewöhnlich guten
    Spätburgunder)

»Was bewirkt eine Lage am Wasser?«

Fluß, See oder Meer wirken je nach Größe in kühleren
Regionen wie Sonnenreflektoren, verbessern also besonders
in steil ansteigenden Weinbergen die Wärmeversorgung der
Reben und damit die natürliche Zuckerbildung in den Beeren. Die höhere Luftfeuchtigkeit in Wassernähe schützt im
Winter die Reben gegen Frost und unterstützt die Entstehung
der sogenannten Edelfäule, *Botrytis,* auf reifen Trauben. Daraus
werden später Beeren- und Trockenbeerenauslesen.

DIE REBSORTEN

»Was sind eigentlich Rebsorten?«

Weinreben gehören zur botanischen Art *Vitis vinifera*. Im Lauf der Jahrtausende entstanden durch bewußte Auswahl wildwachsender Sorten, durch Kreuzungen beziehensweise Neuzüchtungen etwa tausend verschiedene für den Weinbau geeignete Rebsorten. Ihre Farbskala reicht von hellgrün bis dunkelrot. Der Geschmack der Weine, die man aus ihnen keltert, ist bei manchen Rebsorten ähnlich, bei anderen so unterschiedlich wie der zwischen Muskatnuß und Apfel, oder nasses Tierfell und frisch gepflückte Himbeeren. Die meisten Weinbauländer und viele Weinregionen haben gesetzliche Regelungen getroffen, welche Rebsorten zugelassen sind und für die Weinbereitung angebaut werden dürfen.

»Welchen Einfluß hat die Rebsorte auf den Geschmack des Weins?«

Jede Rebsorte besitzt ihren eigenen Charakter, geprägt von den Inhaltsstoffen, die sich während der Reife in der Traube bildet, das heißt der Anteil an Säure, Gerbstoff vor allem beim Rotwein, Farbe und Aromastoffe, also die Duft- und Geschmacksstoffe. Sie bewirken, daß ein Wein zum Beispiel nach Äpfeln duftet, nach saftigen Pfirsichen, grüner Paprika, manchmal auch nach Blut oder Schuhcreme. Die Rebsorte beeinflußt den Geschmack des Weines mehr als Klima, Boden, Lage oder Weinbereitung.

»Was unterscheidet weiße von roten Sorten?«

Nicht nur die Farbe. Bei den roten Rebsorten spielt das Tannin, also der Gerbstoff, eine wichtige Rolle. Weiße Sorten verfügen dagegen über einen höheren Säuregehalt.

»Gibt es auf der Welt mehr rote oder weiße Rebsorten?«

Ganz eindeutig dominieren die roten Rebsorten. Deren Anbaufläche wächst weiter, da Rotweine weltweit immer stärker nachgefragt werden. Der Anteil roter Rebsorten in aller Welt wird auf etwa 80 Prozent geschätzt.

»Welche Rebsorten gehören zur Burgunderfamilie?«

Alle Burgundersorten sind mit hoher Wahrscheinlichkeit durch Mutation, also Genveränderung, aus der roten Rebsorte Pinot noir (frz.) entstanden, die in Deutschland Spätburgunder, in der Schweiz Blauburgunder und Italien Pinot nero heißt. Zur Rebfamilie gehören Pinot blanc (frz.), auf deutsch Weißburgunder, auf italienisch Pinot bianco, außerdem Auxerrois und Pinot gris (frz.), in Deutschland Ruländer oder Grauburgunder genannt, in Italien Pinot grigio. Auch wenn die Chardonnay-Rebe die Basisweine für die großen Weißweine des Burgunds liefert, gehört sie nicht zur gleichnamigen Familie. Nicht verwechseln darf man die Rebsorte Weißburgunder mit weißen Burgundern, dem Sammelbegriff für die Weißweine aus der Sorte Chardonnay aus der französischen Region Burgund.

»Welche Bedeutung hat die Rebenzüchtung für die Qualität eines Weins?«

Der Rebzüchter kreuzt Rebsorten, um deren positive Eigenschaften zu einer neuen Sorte zusammenzuführen. Früher mußte man Jahre warten, um festzustellen, ob der Versuch gelang. Heute kann man durch moderne Techniken Art und Geschmack der neuen Rebsorte schon bestimmen, bevor ausreichend Trauben für den ersten Wein vorhanden sind. Bekannte Züchtungen sind Müller-Thurgau (aus Riesling x Gutedel), der Scheurebe (aus Silvaner x Riesling), Morio-Muskat (aus Silvaner x Weißer Burgunder, der rote Dornfelder (aus Helfensteiner x Heroldrebe).

»Was bedeutet Reberziehung?«

Unbeschnittene Rebstöcke tragen kümmerliche Trauben, weil die Kraft statt in die Trauben ins Blattwerk geht. Der jährliche Rebschnitt beschränkt nicht nur den Zuwachs an altem Holz, denn nur 1- bis 2-jährige Triebe sind fruchtbar, sondern gibt dem Stock eine besondere Form, die Reberziehung heißt. Man bindet die Triebe nach dem Schnitt an einem Drahtgestell fest, an dem die Reben hochranken können und genügend Sonne abbekommen. In heißen Zonen, erzieht man die Rebstöcke in Buschform, ohne Drahtrahmen. Ohne Erziehung würde ein Rebstock wild wuchern und nur wenig Trauben minderer Qualität tragen.

»Was versteht man unter Pfropfreben?«

Pfropfreben bestehen aus zwei Teilen – der Unterlagsrebe und der Ertragsrebe. Der untere Teil wird in die Erde gepflanzt, dient der Abwehr von Krankheitserregern und

Schädlinge wie der Reblaus und soll außerdem für guten Wuchs auf dem jeweiligen Boden sorgen. Der oberirdische Teil, auch Edelreis genannt, ist für die Farbe und den Geschmack der Trauben beziehungsweise den Charakter des Weines verantwortlich.

»Warum wurzeln die meisten weißen Rebsorten der Welt in nördlichen Weinregionen?«

Weil es dort kühler ist. Hitze, sowohl am Tag als auch in der Nacht, macht die Weine alkoholisch und schwer. Kühles Klima sowie deutliche Temperaturunterschiede zwischen Tag und Nacht fördern hingegen Eleganz, Feinheit und Frische der Frucht.

»Welche weißen Rebsorten zählen zu den renommiertesten der Welt?«

Die Liste weißer Rebsorten mit dem bestem Image führt der Chardonnay an, gefolgt vom Sauvignon blanc, beide ursprünglich in Frankreich heimisch. In manchen Ländern hat Sauvignon blanc den Chardonnay im Renommée und auch in der Menge schon von Platz eins verdrängt.

An dritter Stelle liegt die Sémillon-Rebe. In Deutschland, Österreich und im Elsaß ist der Riesling die Top-Rebsorte und gewinnt auch außerhalb dieser Regionen mehr und mehr an Ansehen. International noch nicht so bekannt sind Gewürztraminer, Grüner Veltliner oder Viognier. Die Rebsorten mit der weltweit größten Anbaufläche sind Airén (Spaniens weiße Hauptrebsorte) sowie die französische Ugni blanc, die in Italien den Namen Trebbiano trägt. Beide Sorten werden vor allem als Basis für Branntweine genutzt.

»Warum steht Pinot grigio gerade bei deutschen Weintrinkern so hoch im Kurs?«

Jeder Schluck dieses Weines bedeutet ein Stück Italien, fröhlich-unkomplizierte Lebensart, sozusagen Urlaub im Glas. Die meisten Pinot grigio sind leicht und stellen keine besonderen Ansprüche an den Weinfreund.

»Warum ist die Chardonnay-Traube so beliebt?«

Der Winzer schätzt die Traubensorte, weil sie im Anbau und Keller sehr unkompliziert ist, praktisch auf jedem Boden und in jedem Klima wurzelt. Der Weinfreund liebt Chardonnay wegen der leichten Säure, dem angenehmen, nicht zu prägnanten Aroma, und weil er rund und weich schmeckt. Chardonnay ist bestens für den Ausbau im Barrique-Faß geeignet und bringt dadurch den Typ Wein hervor, der allgemein und immer noch im Trend liegt.

»Welche weißen Rebsorten sind im Kommen?«

1. Die Weine von der Loire aus der Chenin-blanc-Traube. Sie gibt es als trockene bis restsüße Varianten, aber auch als langlebi-

ge, edelsüße Weine. **2.** Großartige Qualität zu kleinem Preis bieten viele Spät- und Auslesen sowie Edelsüße von der Scheurebe, wobei besonders die Pfälzer Weine zu empfehlen sind. **3.** Deutsche Weißburgunder. **4.** Grüner Veltliner aus Österreich. **5.** Viognier-Weine von der Nord-Rhone, Südfrankreich und Kalifornien. **6.** Aus Italien die Traubensorte Verdicchio. **7.** Sémillon aus Australien, reinsortig ausgebaut, mit feinem Nuß-Honig-Aroma. In Chile fallen Weine aus dieser Traubensorte in der Regel frisch und zart aus.

»Welche geschmacklichen Unterschiede gibt es zwischen den einzelnen weißen Rebsorten?«

1. Der rassige, feinfruchtige Typ mit höherer Säure. Dazu gehören unter anderen Riesling, Chenin blanc, Sauvignon blanc, Scheurebe, Grüner Veltliner. **2.** Der Typ mit weniger Säure, geschmacksneutral, mit saftigem Körper, wie Chardonnay, Pinot grigio, Pinot bianco, Trebbiano, Garganega (Soave) Vernaccia (di San Gimignano), Verdicchio, Cortese (Gavi). **3.** Der Typ mit fein- bis kräftig-würzigem Aroma, mittelschlankem bis kraftvollem Körper, repräsentiert durch Rebsorten wie Müller-Thurgau, Gewürztraminer, Morio-Muskat, Verdejo (span.), Tocai.

ROTE REBSORTEN

»Welche roten Rebsorten gibt es und wie kann man sie unterscheiden? «

Rote Rebsorten haben eine rötliche Traubenhaut. Bei den farbintensiven roten Sorten sind sogar im Fruchtfleisch rote Farbstoffe eingelagert. Diese Sorten erkennt man im Herbst zur Zeit der Reife schon von weitem, weil sich selbst die Blätter rötlich färben, bevor sie abfallen. Die unterschiedliche Farbintensität der Trauben beeinflußt die Farbe des Weines. Pinot noir oder Blauburgunder ist zum Beispiel hel-

ler als Cabernet Sauvignon. Ein weiterer wichtiger Unterschied zwischen den einzelnen roten Rebsorten besteht in ihrem Gehalt an Säuren und Tanninen, also den Gerbstoffen, die Zunge und Gaumen pelzig machen und alles zusammenziehen. Merlot beispielsweise ist säureärmer als Sangiovese, die Hauptrebsorte des Chianti Classico und des Brunello di Montalcino. Außerdem spielt das Aroma noch eine wichtige Rolle. Pinot noir zum Beispiel schmeckt und duftet jung nach Veilchen, Himbeere und Kirsche. Junge Cabernet-Sauvignon-Weine hingegen erinnern deutlich an Paprika und schwarze Johannisbeeren.

»Welche roten Rebsorten zählen zu den renommiertesten der Welt?«

Die Liste der renommiertesten Rotweinsorten in der Welt führen an: Cabernet Sauvignon, Pinot noir, Merlot, Syrah in Frankreich (in Australien und USA Shiraz genannt).

In Europa zählen außerdem die italienischen Sorten Nebbiolo und Sangiovese zu den Spitzen, hinzu kommen als Edelsorten die spanische Tempranillo bzw. Tinto de Pais in der Region Ribera del Duero und in Kalifornien der Zinfandel. An der Spitze der meistangebauten Rotweinsorten der Welt stehen Grenache (frz.) bzw. Garnacha (span.) und Carignan (frz.) bzw. Carinena (span.), die im Languedoc-Roussillon aus den Trauben alter Reben grandiose Qualität hervorbringen.

»Welche rote Rebsorten sind im Kommen?«

Carignan, Mourvèdre (frz.), die in Spanien Monastrell genannt wird, Lemberger, die in Österreich Blaufränkisch heißt, Zweigelt (Österreich), Dornfelder (Deutschland), Primitivo (Süditalien) und Cabernet franc von der Loire.

Im Weinkeller

Wie wird aus Trauben Wein?

»Was ist eigentlich Wein?«

Wein ist ein Getränk aus reifen Weintrauben, entstanden durch alkoholische Gärung mit Hilfe von Weinhefe.

»Wie entstehen die meisten Weißweine?«

1. Nach der Traubenlese werden im Normalfall die reifen Weißweintrauben im Weinkeller maschinell entrappt, das heißt, die einzelnen Beeren vom Traubengerüst getrennt und dann gemahlen. Dabei werden sie eingemaischt, also sanft zerdrückt, bis der erste Most abläuft.

2. Durch sanftes Auspressen der Maische oder ganzer Trauben in einer Weinpresse oder Kelter wird der restliche Most gewonnen.

3. Dieser frische, noch leicht trübe Most bleibt danach entweder über Nacht im Faß, damit die schwebenden Trubteilchen sich absetzen können, oder wird mit Hilfe eines Separators geklärt.

4. Am nächsten Tag kommt der fast klare Most nach einer schwachen Schwefelung und eventuellen Zugabe von Reinzuchthefen in ein sauberes, neues Faß, wo die alkoholische Gärung stattfindet.

5. Durch Probieren des Jungweins erkennt der Kellermeister den Zeitpunkt, wann die Gärung abgeschlossen ist. Jetzt blubbert's nicht mehr im Faß. Der Jungwein wird von der toten Hefe abgetrennt, entweder durch Filtration oder auf natürlichem Wege, indem man die Hefe auf den Boden absinken läßt und sie leicht vom Wein abtrennen kann. Der Kellermeister nennt diesen Vorgang »Abstich«.

6. Aus der Faßöffnung, dem Spundloch, fließt jetzt der klare, junge Wein. Vor der Abfüllung braucht er noch etwas Ruhe.
7. Diese Phase verbringt der Jungwein je nach Weintyp für kürzere oder längere Zeit im Edelstahltank oder Holzfaß, bevor er geschwefelt, anschließend in Flaschen gefüllt und verkorkt wird.

»Und wie entstehen weiße Barriqueweine?«

Von der Ernte bis zur Pressung der Trauben genauso wie „normale" Weißweine. Der Unterschied besteht im Ausbau oder in der Lagerung: Einige Weine vergären erst im Edelstahl, erst dann findet die Reife im Barrique statt. Bei anderen erfolgt schon die Vergärung im kleinen Holzfaß und ebenso die anschließende Reife. So geht die Traubenfrucht mit dem Holz eine bessere Verbindung ein.

»Was ist Rosé-Wein?«

Wein aus roten Trauben, allerdings wie weiße Trauben schnell abgepreßt, damit sich im Most nur wenig Farbe aus den Traubenhäuten lösen kann.

»Wie kommt die Farbe in den Rotwein?«

Die roten Farbpigmente stecken vor allem in der Traubenhaut, selten auch im Fruchtfleisch. Um die roten Farbstoffe herauszulösen, werden
1. die roten Trauben zunächst einmal entrappt, also die Beeren vom Traubengerüst entfernt,
2. dann gemahlen, also zerquetscht bzw. eingemaischt,
3. und anschließend einige Tage, in seltenen Fällen wochenlang auf der Maische, diesem Gemisch aus Saft und zerquetschten Trauben, vergoren. Bei einer Temperatur von 22 bis über 30 Grad Celsius beginnt die Gärung. Der entstehende Alkohol löst die Farbstoffe aus den

Traubenhäuten und färbt den gärenden Most zusehends rot. Durch die Gärungskohlensäure schwimmen die Traubenhäute obenauf. Der Kellermeister sorgt anfangs dafür, daß sie immer wieder in den gärenden Most getaucht werden, sodaß sich ausreichend Farbstoffe lösen können.

4. Nach der Gärung wird der Jungwein von der nassen Maische getrennt, und die Maische abgepreßt. Beide Partien kommen in unterschiedliche Fässer. Der abgepreßte Anteil des Jungweins schmeckt viel herber, weil der Gerbstoffgehalt höher und der Fruchtanteil niedriger sind als die des ungepreßten Jungweines. Für hochwertige Weine wird der abgepreßte Jungwein selten und wenn nur zu einem kleinen Anteil miteinander zu einem Wein verschnitten.

»Was passiert bei der alkoholischen Gärung?«

Bei der alkoholischen Gärung spalten Hefen den vorhandenen Zucker, zum Beispiel im süßen Traubensaft, zur Hälfte in Alkohol und Kohlendioxid (CO_2). Je wärmer die Umgebung, umso aktiver und schneller arbeiten die Hefen.

»Was bedeutet temperaturkontrollierte Gärung?«

Bei der Gärung entsteht neben Alkohol und Kohlendioxid auch viel Wärme. Die Temperatur würde ohne Kühlung rasch auf 25 bis über 30 Grad Celsius steigen. Bei über 33 Grad Celsius drohen die Hefen abzusterben und könnten den Zucker nicht weiter vergären. Die Folge: In heiß vergorenen Weinen verbliebe Restzucker. Sie würden süß und nicht so fruchtig und frisch schmecken wie kalt, also unter 18 Grad Celsius, vergorene Weißweine. Das gilt auch für fruchtig-frische Rotweine. Der heutige Weinfreund mag viel frische Frucht. Deshalb ist die Temperaturkontrolle in der modernen Kellerwirtschaft so wichtig geworden.

»Was sind Weinhefen?«

Weinhefen sind kleinste Organismen, die zur Familie der Pilze gehören. Sie treten in der Natur überall dort auf, wo Zuckerlösungen existieren. Zur Zeit der Lese leben sie bevorzugt auf der Traubenoberfläche, besonders gern aber in den mikrofeinen Rissen der prallen, reifen Beeren, wo der süße Saft austritt. Die Weinhefen (*Saccharomyces cerevisiae*) vermehren sich nur dann ausreichend, wenn die Trauben gesund sind und möglichst lange nicht mehr gespritzt wurden. Sobald der Saft zu Wein geworden ist und keinen vergärbaren Zucker mehr enthält, sterben die Hefen ab und sinken zu Boden.

»Was unterscheidet Reinzuchthefen von wilden Hefen?«

Reinzuchthefen werden im Labor mit definierten Aroma- und Gäreigenschaften gezüchtet. Mit ihnen ist der Winzer auf der sicheren Seite, weil Reinzuchthefen selbst in schlechteren Jahren den Traubensaft problemlos vergären. Der Nachteil: Selbst Weine aus unterschiedlichen Rebsorten können, mit derselben Reinzuchthefe vergoren, ähnlich schmecken. Wilde Hefen hingegen, die in der Natur vorkommen, verleihen dem Wein Eigenständigkeit und Charakter. Voraussetzung sind allerdings gesunde und wenig gespritzte Trauben, da andernfalls im Keller Gärprobleme auftauchen.

»Was ist Federweißer, und warum ist er so trüb?«

So nennt man den Traubensaft, der zu gären begonnen hat und etwa 2 bis 4 Prozent Alkohol enthält. In manchen Regionen Deutschlands heißt er auch Süßer, Sauser oder Rauscher. Seine gelblich-trübe Farbe hat er von den unzähligen, im Wein herumschwimmenden aktiven Hefen. Vorsicht – Federweißer ist noch süß und reich an Kohlendioxid. Ein Glas zuviel bedeutet Kopfschmerzen.

»Welche Unterschiede bestehen zwischen Edelstahltank und dem traditionellen, großen Holzfaß?«

Edelstahltanks sind leichter zu reinigen, die Kontrolle der Gärtemperatur ist viel einfacher als bei Holzfässern. Für fruchtbetonte, frische Weißweine und leichte Rotweine ist der Edelstahltank die bessere Wahl, für die Fruchtent-

wicklung und Struktur feiner, komplexer Rotweine ist das Holzfaß vorzuziehen.

**»Was bedeutet Milchsäure-gärung?
Wann findet sie statt?«**

Milchsäurebakterien wandeln ohne äußere Einflüsse bei höheren Temperaturen sofort nach der ersten, also der alkoholischen Gärung, die sauer schmeckende Apfelsäure in mildere Milchsäure um. Im Barrique gereifte Weiß- und Rotweine schmecken dann harmonischer und runder.

»Was ist ein Barrique?«

Name für das 225-Liter-Eichenholzfaß, das ursprünglich aus Bordeaux stammt und heute in aller Welt verwendet wird. Barrique-Weine riechen und schmecken nach Vanille, Karamelle und leicht rauchig – Aromen, die viele Weinfreunde lieben und sich einiges kosten lassen, selbst wenn sie von hineingerührten Holzstückchen oder Spänen kommen. Denn weder der Begriff »Barriquewein« noch die Machart, also die Reife im Faß sind geschützt.

»Wie lange reift ein Wein im Faß?«

Das hängt von vielen Dingen ab, vom Jahrgang, der Rebsorte, dem Stil des Winzers oder der Region. Rotweine reifen üblicherweise unter anderem wegen des höheren Gerbstoffanteils und der kräftigeren Frucht länger im Faß als Weißweine, ausgenommen Rotweine Typ Beaujolais Primeur.

In einigen Regionen ist die Reifedauer gesetzlich geregelt. Ein Brunello di Montalcino muß zum Beispiel 24 Monate im Holzfaß reifen. Nicht-Barrique-Weine, das sind vor allem Weißweine, werden im Frühjahr nach der Weinlese gefüllt. »Jahrgang 2000« bedeutet zum Bespiel, daß die Trauben im Herbst 2000 gelesen wurden, und der Wein im Frühjahr 2001 auf die Flasche kam, wenn er noch frisch und fruchtig schmeckt. Barrique-Weine reifen hingegen länger, oft über ein Jahr lang. Weiße Barrique-Weine kürzer als rote.

»Müssen Weine immer geschwefelt werden?«

Unbedingt, sonst reift der Wein zu schnell, oxidiert, wird also braun und verliert sein Aroma. Die zugesetzte Schwefelmenge ist sehr selten der Grund für einen dicken Kopf, höchstens bei ganz billigen Weinen unter 5 Mark. Ursache für den Kater ist vielmehr ein zu hoher Alkoholkonsum in Verbindung mit Zigarettengenuß. Auch eine allergische Reaktion (Histamin-Unverträglichkeit) ist möglich.

»Kann ich auch zu Hause Wein herstellen?«

Was man braucht, sind süße Trauben, etwas Weinhefe (die gibt es in der Apotheke oder Drogerie) und einen sauberen Behälter aus Porzellan, Glas oder am besten aus Edelstahl.

Hier die einzelnen Arbeitsschritte für den Hobby-Weinmacher:

1. Die ganzen Trauben waschen
2. Die Beeren von den Traubenstielen trennen
3. Die Beeren sanft zerdrücken
4. Die Hefe in dieses Gemisch aus zerquetschten Beeren und Saft (der Profi sagt dazu Maische) gut unterrühren
5. Bei etwa 18 bis 20 Grad zugedeckt gären lassen
6. Wenige Tage später ist aus dem Saft trockener, aber noch leicht trüber Wein geworden, in der Qualität natürlich sehr schlicht – aber selbstgemacht.

WIE KOMMEN DIE PERLEN IN DEN SEKT?

»Was ist eigentlich Schaumwein, und was ist Sekt?«

Schaumwein ist der Sammelbegriff für das zweimal vergorene, schäumende Getränk, bereitet aus weißen und/oder roten Weintrauben. Sekt ist die gebräuchliche Bezeichnung für Schaumweine in Deutschland.

»Und warum perlt Champagner und Sekt?«

Für die zweite Gärung wird einem ausgewählten Wein, sogenannter Grundwein oder einem Verschnitt verschiedener Grundweine ein Mix aus Hefe und Zucker (um die 24 Gramm pro Liter) zugesetzt. Die Gärung findet immer in einem hermetisch verschlossenen Behältnis statt, entweder in riesigen Edelstahltanks (für günstige Markensekte) oder in der Flasche (Champagner und Schaumweine aus Deutschland wie die traditionell vergorenen Winzersekte). Die Hefe spaltet den Zucker in Alkohol und Kohlendioxid, dadurch entsteht in der Flasche ein Druck von 4–5 Atmosphären. Je kühler und langsamer die Vergärung verläuft und je länger der Schaumwein oder Champagner im Anschluß an die Gärung auf der Hefe reift, umso feiner und anhaltender sind schließlich die Perlen, und umso edler ist auch das Aroma.

»Was ist ein Sektgrundwein?«

Das ist Wein einer Rebsorte oder – wie beim Champagner und gutem Sekt – eine Cuvée (Verschnitt) aus mehreren Rebsorten oder vielen, manchmal mehr als einhundert verschiedenen Weinen. Dieser Grundwein wird versektet, also zum zweiten Mal vergärt.

»Welche Rebsorten sind besonders für die Schaumweinbereitung geeignet?«

Die weißen Sorten Chardonnay, Weißburgunder (Pinot blanc, Pinot bianco) sowie die roten Sorten Pinot noir und Pinot meunier (Müllerrebe). Generell sollte eine für Schaumwein geeignete Sorte nicht zuviel Säure, nicht zuviel Frucht und einen runden Körper aufweisen. Eine Ausnahme bilden die fruchtbetonten und eleganten Schaumweine aus der Rieslingtraube. Besonders wenn sie wie ein Champagner in der Flasche vergoren und auf der Hefe gereift wurden.

»Was sind Markensekte?«

Sekte mit einem Markennamen, wie zum Beispiel Mumm, Söhnlein Brillant, Rüttgers Club, Deinhard Cabinet, Henkell trocken, Kupferberg gold, Carstens SC. Sie vergären alle im Edelstahltank und stammen meist von Trauben aus Süditalien oder Südfrankreich, selten aus Deutschland.

»Was ist ein Winzersekt?«

Sekt von eigenen Trauben eines Winzers, oft aus einer Rebsorte und wie Champagner traditionell flaschenvergoren.

»Welche Unterschiede bestehen zwischen Champagner und Crémant?«

Champagner kommt nur aus der nordfranzösischen Region Champagne, Crémants aus verschiedenen Regionen in Frankreich. Die bekanntesten sind Crémant d'Alsace, Crémant de la Loire und Crémant de Bourgogne. Alle Crémants werden wie der Champagner traditionell in der Flasche vergoren, enthalten aber weniger Kohlensäure und sie werden nicht, wie der Champagner nur aus drei Rebsorten - Pinot noir, Chardonnay und/oder Pinot meunier - bereitet, sondern auch aus anderen Rebsorten, wie der Crémant de la Loire aus der Chenin-blanc-Traube.

**»Was unterscheidet tankvergorenen vom flaschen-
vergorenen Schaumwein?«**

Bei im Edelstahltank vergorenen Sekten wird nach der
Gärung die Hefe herausgefiltert und der dann klare, junge
Sekt in Flaschen gefüllt und verschlossen. Bei flaschenvergo-
renen Schaumweinen muß die Hefe per Hand oder mit Hilfe
einer Maschine abgerüttelt werden. Die traditionelle
Methode ist aufwendiger und teurer.

**»Warum sollte guter Schaumwein einige Monate, die
besten sogar viele Jahre lang auf der Hefe reifen?«**

Reife auf der Feinhefe gibt gutem Schaumwein mehr
Geschmack, Charakter und verfeinert schließlich auch noch
die Perlage bzw. den Schaum, das Mousseux (frz.).
Die Reifezeit bei Top-Champagnern wie dem Bollinger R.D.
beträgt über zehn Jahre.

**»Was bedeutet
handgerüttelt?«**
Nach
der zweiten
Gärung muß bei
der traditionel-
len Flaschen-
gärung die tote
Hefe aus der
Flasche entfernt
werden, da der
Schaumwein
sonst trübe bleiben würde. Dafür steckt man die Flaschen
kopfüber in Rüttelpulte, Holzgestelle mit Löchern, die etwas
kleiner als der Flaschenumfang sind. Der Flaschenrüttler
oder remueur (frz.) dreht die Flasche nun täglich und regelmäßig per Hand, stets um eine halbe Drehung und stellt sie
dabei immer steiler ins Pult, bis die Hefe in den Flaschenhals
gerutscht ist.

»Was bedeutet Degorgieren?«

Nach dem Rütteln wird der Flaschenhals kopfüber in eine Kühlflüssigkeit getaucht. Die Hefe gefriert dadurch zu einem Eispfropfen. Um diesen zu entfernen, wird die Flasche geöffnet. Der während der Gärung entstandene Innendruck schleudert den Eishefepfropf heraus. Mit ihm auch etwas Schaumwein, der wieder aufgefüllt werden muß.

»Was versteht man unter Dosage?«

Mit dem herausgeschleuderten Eishefepfropf, also beim Degorgieren geht auch immer eine gewisse Menge Schaumwein verloren, die wieder aufgefüllt wird. Meist zusammen mit der Dosage. Dieses Zuckergemisch beeinflußt den Geschmack des Schaumweins. Die Höhe des zugegebenen Zuckers entscheidet über den Süßegrad. Alle Schaumweine und Champagner - die meisten werden als Brut de brut verkauft - enthalten diese sogenannte Versanddosage, also mehr oder weniger Zucker, jedoch keine Schaumweine mit der Bezeichnung brut zero oder non dosé.

»Ist die Qualität eines Plastikkorkens so gut wie die eines Naturkorkens?«

Alle günstigen Sekte und die Standardcuvées der Champagnerhäuser sind sofort, wenn sie beim Erzeuger den Keller verlassen, trinkfertig. Daher täte es auch ein Plastikkorken, doch ein Naturkorken ist einfach viel ästhetischer – und sein »Plopp« klingt einfach verheißungsvoller.

WEINTRENDS

ROTWEIN ÜBER ALLES

»Warum liegt Rotwein weltweit im Trend?«

Die funkelnde Farbe, die sanfte Säure und der würzige, runde Geschmack erinnern an Urlaub, Sonne und mediterrane Küche. Die Erinnerung ist für uns Deutsche wichtiger als für die Amerikaner. Sie trinken Rotwein für ihre Gesundheit. Dieser Trend begann, als 1991 im Fernsehen die Kunde vom „french paradoxum" ging, daß Franzosen nämlich nach Herzenslust essen und Wein trinken, ohne daß es ihrem Herzen schadet. Im Gegenteil, so verkündeten die Ernährungswissenschaftler, das Herzinfarktrisiko nähme durch mäßigen, aber regelmäßigen Rotweingenuß sogar stark ab. Ganz klar, daß diese Nachricht im Land der Gesund-

heitsfanatiker den Rotweinkonsum vervielfachte. Hinzu kommt der Boom teurer Weine. Es ist chic, in Top-Restaurants teure Flaschen zu bestellen und damit Freunde und Kunden zu beeindrucken.

»Woher stammt der Rotweinboom?«

Das Bordelais, das Weinbaugebiet rund um die Stadt Bordeaux im Südwesten Frankreichs, ist das Mutterland des internationalen Rotweinbooms. Die Weine dieser Region wurden und werden weltweit mehr als alle anderen kopiert. Obwohl das spezielle Klima und der typische Boden fehlen, gelingt es den Weinmachern außerhalb Frankreichs immer perfekter, aus den Bordeauxtrauben Cabernet Sauvignon und Merlot Spitzenweine zu keltern. In Blindproben haben nicht-französische Rotweine aus diesen Rebsorten ihre berühmten Vorbilder immer öfter schon auf hintere Plätze verwiesen.

»Schmecken die heutigen Rotweine anders als vor zehn bis zwanzig Jahren?«

Seit dem Jahrgang 1987 hielt in den Kellern von Bordeaux, in wenigen schon etwas früher eine Technik Einzug, die heute in keinem modern geführten Weingut mehr fehlt: Temperaturkontrolle während der alkoholischen Gärung, so daß viele Weine heute frischer und fruchtiger schmecken. Hinzu kamen andere Methoden, um die Frucht des Weines beeriger und saftiger und vor allem Rotweine viel früher trinkbar zu machen.

Unsere Eltern und Großeltern mußten noch viel mehr Geduld aufbringen, bevor ein Wein seinen Höhepunkt erreichte. Besonders Rotweine aus Übersee sind heute so konzipiert, daß sie relativ schnell zu genießen sind.

»Welche Rotweine sind noch teilweise Geheimtips und oder schon Trendweine?«

Rotweine aus sogenannten autochtonen, den alteingesessenen Sorten. In Italien, Spanien und Frankreich wachsen jede Menge dieser Reben. Sie verlassen nur selten ihre Region oder werden wie der Cabernet Sauvignon zum Weltenbummler. Rebsorten, die in den letzten zwei Jahren zu Trendweinen wurden oder noch werden, sind Cabernet franc, Primitivo, Tannat, Dornfelder, Blaufränkisch, Pinotage, Grenache, Carignan, Mourvèdre, Aglianico, Uva di Troia.

»Welche deutschen Rotweine sind die populärsten, und welche sind besonders zu empfehlen?«

Die populärste Traube Württembergs ist der Trollinger. Die Weine sind eher schlicht und bis auf wenige Ausnahmen gut zu genießen, wenn sie noch ganz jung sind. Einige Südtiroler Winzer, wo der Trollinger Vernatsch heißt, achten auf niedrigeren Ertrag und somit auf Qualität. Wesentlich anspruchsvollere Weine mit saftiger Frucht liefert die Rebsorte Lemberger - in Österreich Blaufränkisch genannt. Was den Württemberger ihr Trollinger, ist für die Pfälzer der Dornfelder, aber mit viel besseren Potential, vorausgesetzt der Ertrag wird kontrolliert. Neben der edelsten Rotweinsorte, dem Spätburgunder (in Frankreich Pinot noir genannt), wird Dornfelder unter Deutschlands Roten immer populärer. Doch Vorsicht – nicht jeder Wein aus dieser Rebe ist so gut wie die vom Weingut Knipser im pfälzischen Laumersheim oder vom Weingut Meyer-Näkel in Dernau an der Ahr. Ein weiterer Tipp: Regent aus Rheinhessen.

»Was unterscheidet einen leichten von einem schweren Rotwein?«

Ob leicht oder schwer - das sind Empfindungen, die nichts mit dem Alkohol zu tun haben. Ein Irrtum, der sich hartnäckig hält. Leichte Rotweine verfügen nicht über weniger Alkohol, sondern über weniger Substanz und Kraft. Man schmeckt bei einem „leichten" Rotwein einfach viel weniger als bei einem „schweren" Rotwein, der vor Kraft, Gerbstoff, viel Frucht und Struktur strotzt und im Idealfall auch noch lange nachschmeckt, während der Nachhall eines „leichten" Weins schon längst verklungen ist. Einen Beaujolais Primeur zum Beispiel wird jeder Weintrinker als leicht bezeichnen, einen Bordeaux hingegen als schwer. Doch beide können den gleichen Alkoholgehalt von 12,5 Volumenprozent aufweisen. Die als leicht empfundene Rotweine liegen nicht selten in der Säure höher und schmecken schon deshalb frischer, fruchtiger - und somit irgendwie leichter.

SÜSSE TRÄUME

»Was sind edelsüße Weine?«

Köstliche, aber rare Weine mit hohem, natürlichem Restzucker, fein ausgewogener Säure und großer Fruchtfülle. Sie sind das Ergebnis mühevoller Winzerarbeit, verbunden mit dem Bangen, daß nicht kurz vor der Lese Regen fällt, und die Trauben dadurch nicht „edel" faulen, sondern von gemeinen Schimmelpilzen zerstört werden.

»Was bedeutet Edelfäule?«

Wenn das Wetter im Herbst morgens feucht und neblig und tagsüber warm und sonnig ist, vermehrt sich der Edelschimmelpilz *Botrytis cinerea* auf den Trauben. Er durchbohrt mit seinen Pilzfäden die Beerenhaut und durchlöchert sie, sodaß allmählich der Wasseranteil der Traube verdunstet,

sich der Zucker sowie alle Inhaltsstoffe konzentrieren und die Beeren rosinenartig einschrumpfen. Die Erntemenge ist gering, die Qualität hoch.

»Welche Qualitätsunterschiede gibt es bei Süßweinen?«

Zu den besten der Welt gehören Beeren- und Trockenbeerenauslesen vom Riesling und Scheurebe, Sauternes aus Bordeaux und die Edelsüßen vom Neusiedlersee, die spätgelesenen Gewürztraminer aus dem Elsaß sowie Chenin blancs von der Loire, Recioto di Amarone und Vin Santo. Top sind ebenso Portweine, Madeiras oder süße Sherrys, die jedoch anders als die oben genannten bereitet werden. Ein guter Süßwein kann nie billig sein, denn in seiner Herstellung steckt viel Winzerarbeit, die sich im Preis niederschlägt.

JEDE MENGE HOLZ

»Gab es schon immer so viele Barriqueweine?«

Früher, bis vor gut zwanzig Jahren, reiften nur in Bordeaux und Burgund die Weine im kleinen Eichenholzfaß. In anderen Kellern lagerten sie in großen Fässern mit über 1000 Liter Inhalt. Das würzige Holzaroma, der Duft nach Vanille, Rauch und Karamelle, für den heute Weinfreunde oft vollkommen überdrehte Preise zahlen, war noch nicht in Mode gekommen. Der Barriqueton ist so beliebt, daß er selbst überdosiert, die Frucht des Weins von den Holznoten überdeckend akzeptiert wird. Dem Trend folgend, hat weltweit heutzutage jeder Winzer einen oder mehrere Barriqueweine im Programm.

»Wie kommt der Holzton in den Wein?«

Am besten schmeckt ein Barriquewein, wenn er nicht nur im kleinen Holzfaß vergoren wurde, sondern auch anschließend darin reifte. Das Holzaroma ist umso intensiver, je neuer das Fäßchen, je stärker der Einbrand und je länger die Reifezeit. Alternativ zum teuren Holz (ein neues Barriquefaß aus französischer Eiche kostet um die 900 Mark) hängen einige Winzer während der Gärung ein Säckchen mit Holzstücken in den Wein oder streuen Holzspäne ein. Durch die Wärme und den entstehenden Alkohol gehen dadurch Holzaromen in den Wein über. Sie sind weniger ausdrucksstark als „echte" Barriqueweine.

»Welches Holz ist für Wein geeignet?«

Große Fässer werden je nach Region aus Akazie, Eukalyptus, Pinie, Kastanie oder Zypresse hergestellt. In Italien, in der Region des Chianti Classico werden zum

Beispiel große Fässer (1200 Liter) aus slowenischer Eiche verwendet. Für den Bau der kleinen Fässer (225, 300, 500 Liter) ist französisches Eichenholz der Sorten Allier, Nevers und Tronçais sehr beliebt oder amerikanische Eiche, die den Rotweinen aus Kalifornien, Spanien und Australien ein besonders würzig-kräftiges Aroma verleiht. Die Holzfäßchen werden vor Gebrauch eingebrannt, im Fachjargon Toasting genannt. Man unterscheidet zwischen leicht, mittel und stark getoastet. Je stärker das Holz getoastet oder eingebrannt, umso intensiver schließlich das rauchig-karamellige Holzaroma.

»Sind „Holzweine" besser als Weine ohne Holz?«

Hochwertige Weiß- und Rotweine geeigneter Rebsorten gewinnen ganz sicher durch die Gärung und Reife im kleinen Holzfaß an Ausdrucksstärke und Komplexität. Sie sind dann auch besser als Weine ohne Holzausbau. Fruchtbetonte, elegante Weine hingegen mit weniger Substanz, aber viel Säure und Vitalität verlieren durch die Lagerung im kleinen Holzfaß ihre frische Frucht und Lebendigkeit und werden vom holzeigenen Gerbstoff erschlagen.

»Woher kommen im Holz ausgebaute Trendweine?«

Vor allem aus der Neuen Welt, also Kalifornien und Australien, gefolgt von Chile und Südafrika. Ihr Erfolg ist so groß, daß selbst berühmte Châteaux in Bordeaux das Holz nicht mehr so fein dosieren wie zuvor, sondern ihre Weine nach dem Modell aus Übersee mit mehr Holzgeschmack ausbauen.

»Welche Rebsorten eignen sich besonders für den Ausbau im Barrique?«

Besonders gut geeignet sind der weiße Chardonnay, die roten Cabernet Sauvignon, Pinot noir, Merlot und Syrah, also Rebsorten mit Körper, Kraft und fülliger Frucht und mit nicht zuviel Säure - das Problem der roten italienischen Topsorten wie Sangiovese oder Nebbiolo. Abhilfe schafft hier ein Schwaps Merlot oder Cabernet Sauvignon. Der Wein schmeckt dann natürlich etwas anders. Weiße Rebsorten mit höherer Säure und viel eleganter Frucht wie der Riesling sind nicht geeignet.

NEUE WELT – ALTE WELT

»Welche Weinregionen sind die bedeutendsten in der Neuen Welt?«

Unter dem Begriff Neue Welt werden die Weinregionen in Übersee zusammengefaßt, also Nordamerika mit Kalifornien, Oregon und Washington, Südamerika mit Chile, Argentinien, Uruguay und Brasilien, sowie Südafrika, Neuseeland und Australien.

»Wie schmecken die Weine der Neuen Welt?«

Auf einen Nenner gebracht: Die Rotweine schmecken sanft und beerig, die Weißweine fruchtig, rund und körperreich. Im Vergleich mit den Weinen der Alten Welt (Europa) sind selbst hochklassige Qualitäten oft leichter zugänglich und oft recht holzbetont. Ungeduldige Weinfreunde und solche, denen ein guter Weinkeller zum Lagern fehlt, sind mit den schneller trinkfertigen Weinen aus der Neuen Welt bestens beraten.

»Welches sind beim Wein die wichtigsten Unterschiede zwischen Übersee und Europa?«

Wenn in der Alten Welt auf dem Etikett Bordeaux steht, ist auch Bordeaux drin. In der Neuen Welt findet man dagegen in einer Flasche oft Weine verschiedener Regionen. Viel wichtiger als die Region sind dort Rebsorte und Technik. Das Weinmachen in der Neuen Welt besteht aus High-Tech und totaler Kontrolle jedes einzelnen Produktionsschritts. In Europa ist die Herstellung von Wein dagegen eher beeinflußt von Tradition und Terroir, dem Zusammenspiel aus Boden, Lage und Klima. Noch immer gilt hier der Weinberg als Kapital des Weinguts, nicht der von außen kommende, hochbezahlte Önologe. Auf unserem Kontinent ist Weinmachen häufig noch eine Kunst, die in Familien berühmter Kellermeister von einer Generation auf die nächste weitervererbt wird.

»Was hat die Alte Welt, was die Neue nicht hat?«

Viel strengere Weingesetze (das strengste hat Deutschland) mit starker Kontrolle, dadurch eine größere Qualitätsgarantie für den Weinfreund, eine sehr lange Tradition, einen riesigen Fundus noch weitgehend unbekannter Rebsorten, deren Weine zu entdecken sind, und ein überwiegend kühleres Klima, das Weine mit einem ausgewogenen Verhältnis von Frucht und Säure begünstigt. Die hierzulande teilweise starken Temperaturschwankungen lassen jahrgangsbedingt oft interessantere Weine wachsen.

»Und was hat die Neue Welt, was die Alte nicht hat?«

Kommunikation. Die Weinmacher der Neuen Welt reden miteinander und helfen sich auf diese Weise. So konnten die Winzer, vor allem die guten fast den Vorsprung der europäischen Winzer aufholen. Teilweise mit kellertechnischen Mitteln, die bei uns verboten sind.

»Woher kommt die intensive Beerenfrucht vieler Rotweine aus Übersee?«

Zwei gute Beispiele sind die Rebsorten Shiraz aus Australien und die kalifornische Zinfandel. Das sonnige Klima der südlichen Hemisphäre bietet den beiden Sorten ideale Reifebedingungen. Daher bringen beide im Idealfall vollbeerige, fruchtige Weine mit viel Power hervor. Der Fruchtgeschmack kommt aus der Traube und wird maximiert durch entsprechende Technik. So ist es zum Beispiel üblich, den Wein im kleinen, stark ausgebrannten (getoasteten) Holz zu Ende gären zu lassen. Zugesetzte Milchsäure macht einen Wein runder, und ein Tropfen aus dem Aromafläschchen läßt ihn beeriger schmecken.

VON KULTWEINEN WEINGURUS UND PARKERPUNKTEN

»Was sind Kultweine?«

Kultweine sind Weine, die jeder Weinfreak besitzen möchte. Meist gibt es sie nur in Kleinstauflage, was natürlich die Preise in die Höhe. Doch das stört den Weinfreund nicht. Um an die heiß begehrten Raritäten zu kommen, zahlen sie gern jeden Preis, koste es, was es wolle. Pinot Grigio oder Prosecco sind nicht rar und doch besitzen sie Kultstatus. Es ist ihr fröhlicher, italienischer Charme, der unkomplizierter, mit Urlaubserinnerungen verbundene Flair, mit dem sie seit den achtziger Jahren hier in Deutschland eine riesige Fangemeinde eroberten.

»Soll ich trotz hoher Preise Kultweine kaufen?«

Oft erlangt ein Wein Kultstatus, weil er von hoher Qualität, aber nur in kleinen Mengen zu bekommen ist. Mit diesen Weinen wird immer häufiger an der Börse oder auch unter der Hand spekuliert. Ihr Marktwert ist vergleichbar mit gut dotierten Aktien, also eine gute Geldanlage. Auskunft geben einige große Banken und Weinauktionshäuser.

»Sind Bordeaux-Weine Kultweine?«

Ganz sicher zählen die Weine der Spitzengüter in der Region Bordeaux dazu. Sie sind - neben dem berühmten spanischen Weingut Vega Sicilia die ersten Kultweine überhaupt. Weltweit versuchen Weinliebhaber, möglichst viele der raren Flaschen zu ergattern und bezahlen unabhängig von der Qualität des Jahrgangs immer mehr, da die Nachfrage das Angebot bei weitem übersteigt.

»Wer ist der zur Zeit einflußreichste Weinkritiker? «

Robert Parker jun. aus den USA – was auch immer er sagt oder in seiner Zeitschrift »Wine Advocate« schreibt, wird von seiner riesigen Fangemeinde auf der ganzen Welt unter Ausschaltung des eigenen Geschmacks nahezu widerspruchslos akzeptiert.

»Welche Folgen hat Parker's Urteil für die Produktion von Weinen? «

Wenn Robert Parker jun. Weine bewertet, vergibt er Punkte innerhalb einer Skala von 50 bis 100 Punkten. Alle Weine, die über 90 Punkten liegen, sind fast umgehend ausverkauft. Deshalb keltern Weinmacher ihre Weine nach Parkergeschmack. Hohe Punktzahlen sind die beste Public Relation und treiben den Preis in die Höhe, nach Bekanntgabe der Wertung um 300 bis 400 Prozent. Der Nachteil: So entsteht weltweit ein einheitlich-vordergründiger Stil.

WEIN EINKAUFEN
WAS DAS FLASCHENETIKETT VERRÄT

»Was steht auf einem Etikett?«

Das Etikett ist die Visitenkarte eines Weines. Über die Angaben erfährt man die Herkunft, also Ursprungsland (z.B. Deutschland), Weinregion (Nahe), Rebsorte (Riesling), Qualitätskategorie (QbA=Qualitätswein bestimmter Anbaugebiete) ohne oder mit Prädikat (Kabinett, Spätlese, Auslese, Beerenauslese, Trockenbeerenauslese) und eventuell Süßegrad (trocken). Fehlt der Name des Erzeugers und steht unten auf dem Etikett, meist als letzte Zeile, nur eine verschlüsselte Nummer inklusive Kürzel, handelt es sich um einen Abfüller, der diesen Wein in Riesenauflage unter oft verschiedenen Etiketten vermarktet.

Weingut Emrich-Schönleber

Nahe

1994er

Monzinger Halenberg
Riesling Kabinett trocken

Qualitätswein mit Prädikat

Alc. 11,5% Vol.   750 ml

Produce of Germany · Erzeugerabfüllung · A.P.Nr. 7 748 066 11 95

D-55569 Monzingen an der Nahe

»Was bedeutet ein Phantasiename auf dem Etikett?«

Weinbergslagen tragen oft recht phantasievolle Namen. »Kallstadter Saumagen« ist zum Beispiel keine Anbiederung an kulinarische Vorlieben eines prominenten Politikers, sondern eine traditionelle Einzellage, aus der Spitzenweine des Weingutes Koehler-Ruprecht entstehen. Etwas anderes sind neu erdachte, von Marketingabteilungen geprägte Namen. Dem Weineinsteiger bietet ein Markenwein Beständigkeit über Jahre und meist ganz ordentliche, aber unspektakuläre Qualität. Es handelt sich dabei um einen Verschnitt aus verschiedenen Rebsorten oder aus mehreren Weinen, auch aus unterschiedlichen Regionen. Unter den Markenweinen gibt es natürlich auch absolut nicht empfehlenswerte Weine, wie zum Beispiel die berüchtigte, pappig-süße Liebfrauenmilch.

»Erkenne ich die Qualität eines Weins am Etikett?«

Über die Qualität läßt ein Etikett kaum Rückschlüsse zu. Es sei denn, man kennt das Weingut und kann sich darauf verlassen. Rebsorte, ebenso die Nennung einer Region, wie zum Beispiel Bordeaux, eines Usprungsgebietes wie Chianti Classico repräsentiert ein bestimmtes Geschmacksprofil. Keine Garantie für bessere Qualität gibt der Vermerk, daß es sich um eine Weingutsabfüllung handelt, ist aber immer noch besser als eine dieser namenlosen Massenabfüllungen Auf deutschen Etiketten steht dann »Erzeugerabfüllung«, in Frankreich »Mis en bouteille au Château« oder einfach nur »Propriétaire récoltant«, in Italien ist auf dem Etikett »Imbottigliato all'Origine da Viticoltore« vermerkt und in Spanien »Embotellado en la Propiedad«, danach folgt stets der Name des Weinguts. Die Jahrgangsangabe gibt Hinweise auf die Jahrgangsqualität in jeder Weinregion (siehe dazu die Jahrgangstabelle, Seite 88 ff.). Doch vorsichtig- gute Winzer, die ihr Handwerk wirklich beherrschen, keltern selbst in schwierigen Jahren gute bis sehr gute Qualität.

EINKAUF BEIM WINZER, IM LADEN, BEIM VERSENDER

»Muß guter Wein teuer sein?«

Gut heißt nicht automatisch teuer. Welchen Wein man als gut empfindet, hängt unter anderem von der augenblicklichen Stimmung ab, der Gelegenheit, zu der man den Wein trinkt und nicht zuletzt vom ganz persönlichen Geschmack und der Erfahrung. Dennoch - guter Wein kann nie billig sein, weil der Winzer mehr Arbeit und Zeit in die Produktion investiert. Starken Einfluß auf den Preis hat das Renommée eines Weingutes oder einer Region. Ein Barolo, ein Bordeaux oder ein Chianti Classico läßt sich den guten Namen oft zu teuer bezahlen. Schnäppchen, also tolle Qualität für kleines Geld lassen sich in Deutschland, in Südfrankreich, in Süditalien, Ungarn oder Griechenland finden.

»Wo macht das Weinkaufen am meisten Spaß?«

Sicher beim Winzer oder in einer Winzergenossenschaft nach einer gemütlichen Weinprobe. Hier spürt man die

Atmosphäre, entwickelt ein sinnliches Gefühl für Wein, wie er produziert wird und kann häufig mit dem Winzer vespern. Wer nicht in der Nähe einer Weinregion

wohnt, kauft seinen Wein am besten in einem Weinladen mit einem breiten Sortiment und Möglichkeit zum Verkosten. Kompetente Beratung per Telefon oder informativ gestaltete Preislisten bieten gute Weinversender (Adressen siehe Seite 90, ausführlicher in Weinzeitungen wie Wein Gourmet und Vinum). Auch nette Sommeliers, die Weinkellner von Top-Restaurants, helfen gern mit manchem guten Tipp weiter.

»Welcher Unterschied besteht zwischen einem Weingut und einer Winzergenossenschaft?«

Ein Weingut befindet sich zumeist im Besitz einer oder weniger Personen, eine Winzergenossenschaft dagegen ist ein Zusammenschluß von Weinbauern mit eigenen Weinbergen, aber ohne eigenen Keller. Die Mitglieder der Genossenschaft liefern ihre Trauben an die Genossenschaft, die sie nach Qualität des Leseguts bezahlt, die Trauben verarbeiten und den Wein auch vermarktet. Gute WGs beraten ihre Winzer während des ganzen Jahres im Weinberg und verarbeiten die gelieferten Trauben nach strengen Qualitätskriterien.

»Wo gibt es sonst noch ordentliche Weine?«

Im Discount bei Aldi (gute, typische Weine!) und Walmart, in den Supermärkten Spar, Rewe, Minimal und Eurospar. In den Weinregalen der Kaufhäuser Kaufhof, Karstadt, Hertie und im Berliner KaDeWe stehen teilweise hervorragende Weine im Regal. Sehr gut sortiert mit bestem Preis-Leistungs-Verhältnis um die zehn Mark sind Edeka, Familia Nord, Globus im Süden, Netto im Berliner Raum.

»Welche Vorteile hat ein Weinladen?«

Im Weinladen wird der Kunde kompetent beraten. Man hilft ihm nicht nur durch den Etikettendschungel, sondern geht auch auf individuelle Geschmackswünsche ein, kann

Weintips zum Essen geben oder vermittelt einfach das Gefühl, gut aufgehoben zu sein. Weinhändler, die auch selbst importieren, kennen neue Trends und wissen was in der Weinwelt passiert. Fragen Sie nach Schnäppchen aus unbekannten Regionen. Außerdem bieten gute Weinläden, wie zum Beispiel die Filialen von Jacques' Weindepot die Möglichkeit, vor dem Kauf die Weine zu verkosten.

»Welcher Unterschied besteht zwischen Weinladen und Weinhandel?«

Ein Weinhändler importiert häufig Weine, die er dann an die Gastronomie, andere Weinhändler oder Weinläden verkauft oder auch an Privatkunden im eigenen Weinladen. Ein Weinladen bezieht seine Weine, die er direkt über den Tresen verkauft mit Aufschlag über einen solchen Weinhändler. Das hat den Vorteil, daß er den Wein nicht palettenweise kaufen muß. Gleiches gilt für den Feinkosthändler.

»Woran erkennt man einen guten Weinladen?«

In guten Weinläden lagern die Weine gut klimatisiert im Keller, damit sie keinen Schaden nehmen. Im Verkaufsraum sind sie nicht wie im Supermarkt grellem Licht oder großen Temperaturschwankungen ausgesetzt. Auch die Sauberkeit ist wichtig. Muffelt es oder riecht es gar nach Essig und auf den Flaschen liegt eine Staubschicht, ist Vorsicht geboten. Ein wichtiges Indiz ist das Angebot: nicht nur bekannte Weine ebenso Neuentdeckungen zeichnen ein gut sortiertes Programm aus. Ein guter Weinhändler steht in ständigem Kontakt mit seinen Winzern, ist stets gut informiert und kann seinen Kunden viel Wissenswertes, auch über die neuesten Weintrends berichten.

»Welche Vorteile hat der Weinversender?«

Kunden mit Schwellenangst können in Ruhe und anonym aus einem Katalog meist appetitlich fotografierte und beschriebene Weine auswählen. Beratung erfolgt nach Wunsch auch per Telefon. Die gut klimatisiert gelagerten Weine werden prompt geliefert. Bei Nichtgefallen gibt es selbstverständlich eine Rücknahmegarantie.

»Worauf soll man beim Weineinkauf achten?«

Farbe und Geschmack des Weines geben Auskunft über die Reife und die Art der Lagerung. Farblich sollte ein junger, ein bis zwei Jahre alter Weißwein von hellgelb bis grünlich reichen und frisch-fruchtig schmecken, ein junger Rotwein beerig-fruchtig und im Glas leicht violett bis dunkelrot funkeln. Die Füllhöhe eines jungen, gut gelagerten Weines endet knapp unterhalb der Kapsel. Nur bei alten bis sehr alten Weinen tendiert die Füllhöhe zur Schulter. Ist der Korken leicht herausgedrückt oder gar feucht, ist das ein Zeichen für hohe Temperaturschwankungen und überhaupt schlechte Lagerung. Aufgepaßt: Sonderangebote sind nicht immer Schnäppchen, manchmal auch Ladenhüter, die ihren Reifehöhepunkt bereits überschritten haben. Bitten Sie um eine Kostprobe. Noch ein Tipp: Haben Sie einen Weinladen ihres Vertrauens gefunden, gehen Sie auf Entdeckungsreise und probieren auch mal unbekannte Weine.

»Aus welchem Land oder welcher Region kommen zur Zeit gute Rotwein-Schnäppchen?«

Gute, günstige Rotweine gibt es in Frankreich im Languedoc-Roussillon, in der Provence, an der Südrhône und der Loire, in Italien in Südtirol, Trentino, Venetien und überall südlich von Florenz, außerdem in Bulgarien, Ungarn und Portugal. Die bisher noch günstigen Weine aus Übersee, besonders aus Chile und Südafrika, ziehen im Preis leider an. Eine Entdeckung wert sind Merlot aus dem Schweizer Tessin, Weine aus der Tannattraube in Uruguay und Spaniens Rote fast aller Regionen, außer den mittlerweile sehr guten, aber entsprechend teuren Weinen aus Ribera del Duero.

»Und woher kommen günstige, gute Weißweine?«

Gute und oft supergünstige Weißweine findet man in allen deutschen Regionen, besonders an Mittelrhein und im rhein-hessischen Hinterland. Österreich hat den wundervollen Grünen Veltliner. Klasse sind die elegant-fruchtigen Weine von der Loire aus den Rebsorten Sauvignon blanc und Chenin blanc sowie die

WEIN LAGERN

»Wie und wo kann ich meinen Wein am besten lagern?«

Optimal lagert Wein im dunklen Keller bei einer mög-lichst gleichmäßigen Temperatur um die 13 Grad Celsius, denn starke Temperaturschwankungen lassen den Wein zu schnell reifen. Er schmeckt müde und schlapp, ebenso wenn er zu hell, zum Beispiel im beliebten Steckregal in der

Küche gelagert wird. Wichtig ist auch die Luftfeuchtigkeit. Sie sollte zwischen siebzig und achtzig Prozent, um ein Austrocknen der Korken zu vermeiden. Schädlich sind Vibrationen oder starke Gerüche wie in Garagennähe.

»Der Keller ist zum Weinlagern ungeeignet – was tun?«

Abhilfe gegen eine generell zu hohe, aber ansonsten gleichmäßige Temperatur schaffen Styroporplatten oder mit Alufolie beklebte Isolierplatten. Außerdem helfen Kiesel-steine auf dem Boden, die man regelmäßig befeuchtet. Dadurch entsteht Verdunstungskälte und die Korken bleiben feucht. Schwierig sind zu hohe Temperaturschwankungen, wie in der Nähe von Wärme abgebenden Elektrogeräten oder der Heizung. In diesem Fall sollte man besser die Flaschen in Styropor betten oder einzeln in Papphülsen und anschließend im Karton verpacken. Solche Kisten lassen sich - wenn vor-handen in einer Speisekammer, Schlafzimmerschrank oder dunklen Nischen verstauen.

»Und wie könnte eine professionelle Lösung aussehen?«

Nicht unbedingt preiswert, aber sehr zu empfehlen sind
Weinkühlschränke mit verschiedenen Temperaturstufen
für Rot-, Weiß- und Schaumwein, zum Beispiel von
Chambrair. Diese Hamburger Firma bietet auch eine genial
konstruierte Tür mit integrierter Temperatur- und
Feuchtigkeitskontrolle an, die einfach statt der normalen
Kellertür eingehängt werden kann, allerdings nur, wenn
Stahlzargen vorhanden sind.

»Welche guten Lagersysteme gibt es?«

Fragen Sie Ihren Weinhändler nach leeren Bordeaux-
kisten. Die lassen sich gut übereinander stapeln und an der
Stirnseite öffnen, sodaß die Flaschen gut entnehmen können. Einfache Holzgestelle erfüllen zwar auch den Zweck,
sind aber nicht so belastbar, also nicht zu hoch stapeln. Für

angehende Profis gibt es Bordeaux Racks von der
Firma Eurocave, ein Rack jeweils für zwei Holzkisten oder
Weingestelle aus porösem, atmungsaktivem Material, soge-
nanntem Blähton, die Platz für etwa acht bis zehn Flaschen
bieten. Fragen Sie in Ihrem Baumarkt danach.

»Sie wollen Wein sammeln oder in größeren Mengen ein-
lagern – wie finden Sie einen Keller?«

Fragen Sie Ihren Weinhändler oder schalten Sie eine
Anzeige. In manchen Städten gibt es wohltemperierte
Mietkeller, in denen man Boxen zum Einlagern mieten kann.

»Wie lange kann man Wein aufbewahren?«

Eine oft gestellte Frage, die sich nicht pauschal beant-
worten läßt. Die Lagerfähigkeit hängt ab von Jahrgang,
Rebsorte, Weinausbau und Reifezustand des Weines beim

Kauf. Im übrigen sollten Weinfreunde bedenken, daß lagerfähige Weine mit Renommée wie aus Bordeaux grundsätzlich mehr Geld kosten. Günstiger sind Topweine weniger bekannter Regionen wie aus dem Languedoc-Roussillon.

»Wie lange müssen Weine nach einer Autoreise ruhen?«

Nach längerem Transport sollten Weine mindestens eine Woche lagern. Weine, die älter als fünf Jahre sind, brauchen die doppelte Zeit, bis sie wieder schmecken.

»Soll Sekt und Champagner liegen oder stehen?«

Im Gegensatz zu stillen Weinen sollten Schaumweine stehend lagern. Der Korken wird durch den feinen Kohlensäure-Nebel im Raum zwischen Sekt und Korken gut feucht gehalten. Liegend, droht der Korken stärker zu durch

feuchten. Es könnte Korkgeschmack entstehen. Ansonsten gilt: Auf keinen Fall in grellem Licht aufbewahren, wie es in vielen Supermärkten und selbst in einigen Weinhandlungen geschieht. Schaumweine sind besonders empfindlich. Sie verlieren schnell bei schlechter Lagerung ihre Frische und Frucht. Also dunkel und bei einer gleichmäßigen Temperatur von maximal 15 Grad Celsius gelagert. Lieber öfters nachkaufen, wenn keine geeignete Lagerung möglich ist.

»Wie lange kann man Champagner oder Sekt lagern?«

Im Gegensatz zu guten Weinen sind fast alle Champagner und Sekte ohne Jahrgang trinkbereit, also sofort zu genießen und nicht für längere Lagerung gedacht. Eine Ausnahme bilden Jahrgangschampagner und Prestige-Cuvées, die etwas länger durchhalten. Wie lange, hängt vom Jahrgang und der Qualität des Produkts ab. Ähnliches gilt für gute Sekte, wie die deutschen Winzersekte, gute Cavas oder die italienischen Spitzenspumanti Franciacorta.

WEIN RICHTIG GENIESSEN
ENTKORKEN UND SERVIEREN

»Worauf muß ich vor dem Entkorken einer Flasche achten?«

Um den Wein auf die richtige Temperatur zu bringen, muß er rechtzeitig aus dem Keller oder Lager geholt werden, ältere Rotweine wegen ihres Depots, den Trubstoffen im Wein, schon einen Tag vor dem Trinkgenuß. Schaumwein schmeckt bei etwa sechs Grad Celsius am besten, also unten im Kühlschrank oder mit Eis im Kühler auf die optimale Trinktemperatur einkühlen. Frische Weißweine verlangen etwa acht bis zehn Grad, Rotweine weniger als achtzehn Grad. Gut sind um die 16 Grad. Zu kühle Rotweine dürfen zum Aufwärmen nicht zu nahe an die Heizung gestellt werden. Das könnte zu Aromaverlusten führen.

»Schadet es dem Wein, wenn der Korken angeschimmelt ist?«

Wenn der Korken noch intakt ist, sodaß der Wein nicht mit dem Schimmel in Berührung kommt, ist Pilzbefall auf der Korkenoberfläche kein Problem. Viel schlimmer als leichter Schimmel ist eine Flasche mit leicht herausgedrücktem oder feuchtem Korken oder gar mit seitlich am Flaschenhals heruntergelaufener, klebriger Flüssigkeit. Das ist ein Zeichen dafür, daß der Wein irgendwann einmal sehr heiß geworden ist. Ein seriöser Weinhändler leistet in solchen Fällen, wie auch bei verkorktem Wein, anstandslos Ersatz.

»Was muß ein guter Korkenzieher leisten?«

Mit seiner Hilfe soll der Weinfreund den Korken ohne große Kraftanstrengung aus der Flasche ans Licht befördern können, den Korken dabei nicht zerbrechen oder stark zerbröseln. Das kann durchaus bei älteren Weinen passieren, wenn die Korken poröser geworden sind. Der Fachmann zieht den Korken ohne lautstarken Plopp aus der Flasche, was nur mit gutem Handwerkszeug möglich ist. Qualitäts-Korkenzieher verfügen über eine Spindel mit einem Kanal, so daß man von unten nach oben hindurchsehen kann. Mit Teflon überzogene Geräte wie der Screwpull lassen sich gut in den Korken hinein-drehen, der sich dann mühelos lupfen läßt. Billige Korkenzieher mit scharfkantigen Spindeln zer-fetzen den Korken. Kurzspinde-lige Geräte sowie das T-Modell tun im Notfall zwar ihr Werk, sind wegen ihrer unpraktischen Handhabung keine Dauer-

lösung. Ein guter Helfer, der selbst in die kleinste Tasche paßt, ist das zusammenklappbare Kellnerbesteck. Das gibt es auch mit teflonbeschichteter Spirale, die sich leichter rein-drehen läßt. Einziger Nachteil: Die Spirale ist etwas kurz und man muß bei längeren Korken zweimal nachfassen.

»Wann sollte man umfüllen und wann dekantieren?«

Beim langsamen Umfüllen von der Flasche in eine Glaskaraffe mischt sich der Wein mit Sauerstoff. Das Aroma des Weines kann sich so viel besser entfalten. Sehr gut für junge Top-Weißweine. Beim Dekantieren will man durch das Umfüllen in eine Karaffe weniger die Aromen aufmuntern, sondern das Sediment oder Depot, das sich während der Reife guter Rotweine mit viel Farbe und Körper auf dem Flaschenboden abgesetzt hat, vom klaren Wein abtrennen. Das Depot würde sonst den Wein unschön eintrüben. Außerdem schmeckt er dann unangenehm bitter.

»Wie wird dekantiert?«

Zum Dekantieren benötigt man eine brennende Kerze, die man unter die Flasche stellt und genau die Stelle beleuchtet, wo der Wein auf Schulterhöhe aus dem Flaschenkörper in den schmalen Flaschenhals fließt. Man nimmt die Flasche in die eine, die Karaffe in die andere Hand und läßt den Wein ohne abzusetzen langsam in die Karaffe fließen. Wenn das Depot an der beleuchteten Stelle als schwarzer Streifen erscheint, wird der Dekantiervorgang gestoppt.

»Wie lange bleiben angebrochene Flaschen frisch?«

Was sich beim Umfüllen in die Karaffe als Vorteil erweisen kann, ist für den Wein in einer angebrochenen Flasche nachteilig, besonders wenn sie schon mindestens zur Hälfte leer ist. Der dann zu hohe Sauerstoffanteil haucht dem Wein nicht wie beim Umfüllen Leben ein, sondern nimmt ihm die frische Frucht und Fruchtigkeit. Das geschieht unterschiedlich schnell, je nach Qualität und Alter und je nachdem, ob es sich um Weiß- oder Rotwein handelt. Selbst teure Weine können halb ausgetrunken nach zwei Tagen schal und flach schmecken. Die meisten Weine halten geöffnet höchstens drei Tage, im Kühlschrank etwas länger.

DAS RICHTIGE GLAS

»Wie wichtig ist das richtige Glas?«

Die alten Römer zechten aus tönernen Weinhumpen.
Unsere Großväter tranken aus einfachen, groben Gläsern.
Nur selten und in feineren Kreisen kamen bei höchsten
Anlässen schwere Kristallgläser auf die festlich gedeckte
Tafel. Keiner dachte über die Form und das Material der
Trinkgefäße nach, das sie Einfluß auf den Geschmack des
Weins haben könnten. Heute weiß man, daß jeder Wein sei-
nen Charakter optimal entfaltet, wenn er aus einem Glas
getrunken wird, das speziell für diesen Weintyp geschaffen
wurde. Ein Burgunder entwickelt sein Aroma im vollen
Umfang erst im großen, bauchigen Glas, Champagner perlt
und schmeckt viel besser in einer Champagnerflöte als in
einer Sektschale. Trotz dieser Erkenntnisse sollte man kein
Dogma daraus machen, sondern Wein der Situation entsprechend genießen.

»Welche Gläser gehören zur Grundausstattung?«

Eine Sektflöte und zwei tulpenförmige Gläser, ein klei-
neres für Weißwein und ein etwas höheres und größeres für
Rotwein.

»Und welche Gläser kann ich noch hinzukaufen?«

Spezielle Glasformen gibt es unter anderem für
Bordeaux, Burgunder, Chianti Classico, Beaujolais Nouveau,
Rosé, Riesling, Chardonnay, für Süßwein, Sherry, Port und
Madeira. Wer das häusliche Sortiment aufstocken möchte
und noch Platz im Glasschrank hat, sollte dennoch wissen,
daß sie den Genuß erhöhen, aber auch ihren Preis haben.

»Sind mundgeblasene Gläser für den Weingenuß besser als industriell hergestellte?«

Mundgeblasene Gläser werden individuell produziert und unterscheiden sich immer ein klein wenig. Man nimmt die Qualität eines Weines besser wahr, meinen Puristen, weil sie feiner und dünnwandiger als maschinell hergestellte Industriegläser sind. Deren Vorteil liegt im Preis. Gute Industriegläser gibt es bei den deutschen Glasfirmen Spiegelau, Schott Zwiesel und Riedel aus Österreich.

»Warum braucht Rotwein ein Glas mit mehr Volumen?«

Rotweine brauchen mehr Platz, um ihr Aroma besser entfalten zu können. Das gilt besonders für Burgunder, obwohl sie in der Farbe heller und ihr Aroma eleganter sind als Bordeaux. In einem engen, schmalen Glas bekommt der Wein zuwenig Luft, sein Geschmack kann sich nicht wirklich

entwickeln. Eine Ausnahme bilden bei Weißweinen sehr gute körperreiche Chardonnays, deren Aroma sich ebenfalls gut in volumigen Gläsern entfaltet.

»Welche Form hat ein gutes Schaumweinglas?«

Für Champagner und guten Sekt ist die Sektschale völlig ungeeignet. Perlen und Fruchtaromen würden sich darin im Nu verflüchtigen. In einer schlanken, hohen Sektflöte steigen dagegen die Perlen, wie an einer Schnur aneinandergereiht, langsam auf.

»Sind Omas Kristallgläser für den Weingenuß geeignet?«

Auf einer schön gedeckten Tafel machen Gläser mit Schliff vielleicht einen guten Eindruck und sind häufig liebgewonnene Erbstücke. Für den Genuß guter Weine sind sie

dagegen wenig brauchbar. Sie sind zu dickwandig. Farbe, Klarheit und Konsistenz lassen nicht gut beurteilen.

»Kann ich Gläser in der Geschirrspülmaschine reinigen?«

Wie Industriegläser sind auch mundgeblasene Bleikristallgläser spülmaschinengeeignet. Man sollte dafür jedoch weniger Spülmittel verwenden, die niedrigste Temperatur und kürzeste Spüldauer wählen, außerdem die Gläser nie zusammen mit stark verschmutztem Geschirr abwaschen, weil die Essensreste ins Glasinnere gespült werden und dort kleben bleiben. Um zu verhindern, daß die Gläser milchig eintrüben, ist es ratsam, gleich nach dem Spülen die Maschine einen Spalt zu öffnen, damit der heißeste Dampf entweichen kann und die Gläser länger prächtig funkeln.

»Sind Gläser geruchsneutral?«

Halten Sie, bevor Sie Ihren Wein servieren, unbedingt die Nase ins leere Glas. Gläser, die im Karton aufbewahrt werden, riechen fast immer übel nach Pappe. Das Spülen mit heißem, klarem Wasser bringt hier Abhilfe. Zum Abtrocknen ist es ratsam nur Geschirrhandtücher zu verwenden, die nicht mit stark duftenden Weichspülmitteln gewaschen wurden. Ganz üble Gerüche verursachen solche Geschirrhandtücher, die schon länger im Gebrauch sind.

»Was etwa kostet ein ordentliches Weinglas?«

Es geht los bei etwa drei bis vier Euro. Gläser unterhalb dieser Preisgrenze sind meist ungeeignet, wegen ihrer pummlig-runden Form, dem kurzen Stil und fehlendem Volumen zur Entfaltung des Aromas. Mit Gläser ab fünf Euro ist man noch besser bedient und kann zwischen Sekt-, Weiß- und Rotweinglas wählen.

WEIN UND ESSEN

»Harmonie zwischen Wein und Speisen – gibt es das?«

Ohne hier starre Regeln aufstellen zu wollen: Es gibt Erfahrungen, wie sich Geschmack und Aroma von Wein und Speisen in vorzüglicher Weise ergänzen. Süßer Wein paßt zu süßen Speisen, Säure im Wein zur Säure im Salat – beide Geschmacksrichtungen verstärken sich nicht etwa durch die Kombination, sondern werden durch sie angenehm gemildert. Fette Speisen sind mit säurebetonten Weißweinen oder kräftigen Rotweinen mit mehr Gerbstoff besser zu genießen, scharfe Gerichte mit etwas süßeren Weinen. Für eine optimale Harmonie sollte man den Wein stets auf den geschmacksintensivsten Bestandteil einer Speise abstimmen. Nicht nur Sommeliers, die Topkellner der Gastronomie wissen Wein entsprechend zu kombinieren. Stellen Sie doch mal Ihren Weinhändler auf die Probe. Oft geben sie gute Tipps.

»Was ist ein Aperitif?«

Ein flüssiger Appetitanreger, oft modeabhängig. Heute trinkt man gern Prosecco, früher war es Kir Royal, eine Mischung aus Sekt und Sirup von schwarzen Cassis. Was immer paßt, ist Champagner, Rieslingsekt oder ein leichter Weißwein.

»Welche Knabbereien reiche ich zum Aperitif?«

Etwas Salziges, wie Grisini, Nüsse oder Blätterteig-stangen, ist eine gute Grundlage und paßt zum Wein.

»Kann man alle Weine durcheinander trinken?«

Ja, Hauptsache es schmeckt. Doch wahrscheinlich bereitet es größeres Vergnügen, wenn folgende Reihenfolge eingehalten wird: Trockene Weine schmecken besser vor Süßweinen, Weiße meist vor Roten und junge vor reiferen.

»Warum sollte man Weißwein vor Rotwein trinken?«

Weil Weißwein meist über mehr Säure, Frische und zarte Frucht verfügt, Rotwein dagegen über Kraft und Tannin. In umgekehrter Reihenfolge genossen, würde die Eleganz eines leichten Weißweins geschmacklich untergehen. Ein voluminöser Chardonnay aus dem Burgund mit viel Frucht hält dagegen von seiner Kraft und Fülle schon mit einigen Rotweinen mit.

»Wieviele Flaschen pro Person sollte man für den Aperitif und wieviele als Begleiter zum Essen einplanen?«

Ein Aperitif soll vorbereiten, also nicht schon Wirkung hinterlassen. Eine Flasche à 0,7 Liter Inhalt reicht für etwa sieben Personen. Für ein mehrgängiges Essen rechnet man pro Person insgesamt mit etwa einer Flasche Wein. Hinzu kommt noch der Digestif, das Gläschen für den Abschluß.

»Was mache ich mit den Weinresten?«

Aus den Resten von gutem Rotwein läßt sich noch eine wunderbare Sauce zaubern, wenn man sie zusammen mit gehaltvollen Fleischknochen einkocht und später mit frischen Kräutern würzt.

»Welcher Wein schmeckt zu einem Fischgericht?«

Grundsätzlich ist Weißwein zum Fisch geeigneter als Rotwein. Das ist aber kein ehernes Gesetz. Gelegentlich wird Fisch sogar mit einer Rotweinsauce gereicht. Dann sollte man in jedem Fall auch einen Rotwein dazu trinken. Dieser sollte über viel saftige Frucht, aber wenig Tannin verfügen, weil Gerbstoffe zusammen mit Fisch metallisch schmecken können. Kräftige Weißweine mit Schmelz und aromatischer Frucht harmonieren gut mit sahnigen Saucen, zarte, elegante Weißweine mit feiner Säure zu fast allen weißen Fischen.

»Welche Weine schmecken zur Pasta?«

Junge, fruchtige Rotweine aus Sangiovese, Grignolino oder fruchtigen Barbera-Trauben, außerdem Chianti oder ein Montepulciano d'Abruzzo, besonders wenn die Sauce »arrabbiata«, also scharf ist.

»Was trinkt man am besten zu Fleisch und Wild?«

Zu Geflügel je nach Sorte würzige Weiß- oder Rotweine, zu Wild vor allem roter Burgunder, Côtes du Rhône und Syrah. Klassisch paßt zu Rindfleisch Bordeaux oder Cabernet Sauvignon aus Übersee, auch feuriger Rioja oder kräftiger Barolo. Je dunkler das Fleisch ist, umso dunkler, beeriger und tanninreicher kann auch der Wein sein. Zu Schmorgerichten schmecken die würzigen Rotweine aus dem Languedoc-Roussillon, Cahors, Madiran, ein Shiraz aus Australien oder ein vollmundiger Roter aus Süditalien.

»Welchen Wein trinkt man zu Sushi, Sashimi und anderen asiatischen Gerichten?«

Zur fernöstlichen Küche empfiehlt sich die gesamte Palette deutscher Rieslinge, auch Scheurebe - je nach Schärfe mit leichter Restsüße oder ein exotisch-aromatischer Sauvignon blanc aus Neuseeland.

»Welche Weine harmonieren mit Desserts?«

Zu fruchtig-süßen Desserts schmeckt halbtrockener Sekt oder Champagner sowie edelsüße Weine. Ist Schokolade drin paßen Madeira, Portwein, Banyuls ganz hervorragend.

»Schmeckt derselbe Wein als Begleiter zum Essen anders als solo getrunken?«

Genau das fasziniert den Genießer. Probieren Sie es selbst aus und trinken Sie denselben Wein zur Suppe, zu Wurstbrot, zu einem Fleischgericht, einem würzigen Käse und zum Dessert.

» Wie harmonieren Wein und Käse?«

Eine wunderbare Kombination. Angesichts der unendlichen Vielfalt – allein in Frankreich gibt es über vierhundert Käsesorten – ist die Kombination von Wein und Käse immer wieder spannend. Grundsätzlich gilt: Ob trocken oder süß, Weißwein paßt zum Käse genauso gut wie Rotwein, oft sogar wegen seines Aromas und seiner fruchtigen Säure noch viel besser. Probieren Sie einen fruchtigen Riesling zum Ziegenfrischkäse, zusammen mit ein paar Walnüssen.

»Schmeckt Wein immer besser zum Essen als Bier?«

Zu einem rustikalen Essen, Haxe mit Sauerkraut, Sauerbraten oder Wurstplatte, löscht Bier den Durst sicher besser als jeder Wein.

»Welche Alternativen gibt es zum modischen Pinot grigio als Begleiter zum Essen?«

Ebenso leicht und fruchtig, dafür im Geschmack nicht so langweilig dünn sind deutsche Weiß- und Grauburgunder oder Silvaner, Grüner Veltliner aus Österreich, Tocai aus dem Friaul, Verdicchio aus den Marken (beide aus Italien), Chenin blanc von der Loire oder Südafrika, weißer Rioja, Albariño aus Galizien (Spanien) oder ein frisch-fruchtiger Sauvignon blanc aus Südafrika, Chile oder Neuseeland.

WEIN UND GESUNDHEIT

»Sind Bioweine gesünder als andere?«

Biologischer Anbau schützt die Flora und Fauna im Weinberg. Ökowinzer kommen fast ohne Chemie aus und tragen somit dazu bei, das natürliche Gleichgewicht der Natur zu erhalten. Durchschnittlich enthalten Biowein weniger Schwefel wie ebenso Histamin, daß Allergien wie Ausschläge oder Kopfschmerz auslösen kann.

»Warum ist Wein so gesund?«

Weißwein regt die Nierenfunktion an, roter Burgunder den Appetit. Wein kann noch viel mehr: Er fördert die Durchblutung des Gehirns, aktiviert Schilddrüse, Nebennierenrinden und Keimzellen, außerdem wächst die Widerstandskraft gegenüber Herz-und Kreislauferkrankungen, Infektionskrankheiten und Anämien. Die Atmung, der

Appetit, die Verdauung – alles funktioniert besser bei regelmäßigem, aber mäßigem Weingenuß.

»Welche Weißweinsorten sind am bekömmlichsten?«

Wissenschaftliche Untersuchungen haben tatsächlich ergeben, daß Müller-Thurgau, Silvaner und Traminer den meisten Weinfreunden gesundheitlich am besten bekommen.

»Warum reagieren manche Menschen gegenüber Rotweinen allergisch?«

Oft ist der Grund eine Histaminallergie. Die kann sich unter anderem in Form von Kopfschmerzen, Hautausschlägen und asthmatischen Zuständen äußern. Der Histamingehalt im Wein ist umso höher, je länger die Gärung auf der Maische erfolgte. Betroffene sollten, wenn sie nicht ganz auf

Rotwein verzichten möchten, weniger Weine aus Cabernet-Sauvignon- und Syrahtrauben trinken, sondern eher zum Pinot noir beziehungsweise Spätburgunder greifen.

»Kann man Wein auch während einer Diät trinken?«

Weißwein wirkt stark diuretisch, das heißt entwässernd. Während der Diät abends ein Glas trockenen Weißwein zu trinken, holt die Pfunde noch besser von den Hüften – und entspannt zudem noch.

»Wieviel Wein täglich kann man unbesorgt trinken?«

Frauen dürfen ohne Bedenken um die 0,3 Liter pro Tag trinken, Männer etwa 0,4 Liter, je nach Körpergewicht und Kondition. In südlichen Ländern trinken viele Menschen täglich Wein, allerdings nur zum Mittag- oder Abendessen.

»Stimmt es, daß regelmäßiger, aber maßvoller Weingenuß zum rechten Zeitpunkt das Leben verlängert?«

Schon Apostel Paulus wußte das und schrieb im Alten Testament im Buch Sirach: »Wein in Maßen genossen, bedeutet ein zweites Leben«. Kundige neuzeitliche Ärzte, die im Wein nicht nur den Alkohol und drohenden Alkoholismus sehen, sondern viel eher den hohen therapeutischen Nutzen, empfehlen wie bereits der Heilige Benedikt, der Gründer des Benediktinerordens, täglichen Weingenuß als lebensverlängernde Therapie.

WEITERE WEIN-INFORMATIONEN

FLASCHENFORMATE FÜR CHAMPAGNER

Magnum
Champagner- bzw. Sektflasche oder Weinflasche mit 1,5 Liter Inhalt
(2 Normalflaschen)

Jeroboam
Champagner- bzw. Sektflasche mit 3 Liter Inhalt
(4 Normalflaschen)

Rehoboam
Champagner- bzw. Sektflasche mit 4,5 Liter Inhalt
(6 Normalflaschen)

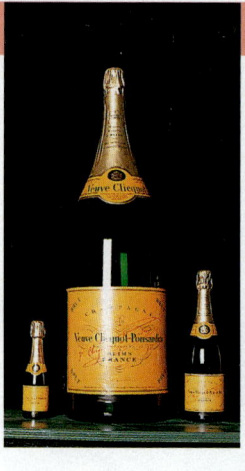

Methusalem
Champagnerflasche mit 6 Liter Inhalt
(8 Normalflaschen)

Salmanazar
Champagnerflasche mit 9 Liter Inhalt
(12 Normalflaschen)

Balthazar
Champagnerflasche mit 12 Liter Inhalt
(16 Normalflaschen)

Nebukadnezar
größte Champagnerflasche mit 15 Liter Inhalt
(20 Normalflaschen)

»Und wie sieht es beim Wein aus?«

Die kleinste Größe ist die halbe Flasche von 0,375 Liter, häufig für edelsüße Weine verwendet, dann die Standardflasche mit 0,75 Litern Inhalt, gefolgt von der Magnum mit 1,5 Litern Inhalt, Doppelmagnum mit 3 Litern, Jeroboam mit 4,5 Litern und die Impériale mit 6 Litern Inhalt.

QUALITÄTSHIERARCHIE DER WICHTIGSTEN LÄNDER IN EUROPA (EXISTIERT NICHT IN ÜBERSEE) (von 1. bis 3. qualitativ aufsteigend)

Deutschland

1. Deutscher Tafelwein
2. Qualitätswein bestimmter Anbaugebiete, kurz: QbA,
3. Qualitätswein mit Prädikat (Kabinett, Spätlese, Auslese, Beerenauslese, Trockenbeerenauslese, nicht Eiswein) kurz: QmP

Frankreich

1. Vin de Table
2. Vin de Pays
3. Appellation d'Origine Contrôlée, kurz: AOC oder AC

Italien

1. Vino da Tavola
2. Denominazione di Origine Controllata, kurz: DOC
3. Denominazione di Origine Controllata Garantita, kurz: DOCG

Spanien

1. Vino de Mesa
2. Vino de la Tierra
3. Denominacion de Origen, kurz: DO

JAHRGANGSTABELLE

WIE GUT SIND DIE JAHRGÄNGE VON 1991 BIS 2000?

★ ordentlich ★★ gut ★★★ sehr gut ! hervorragend

DEUTSCHLAND	00	99	98	97	96	95	94	93	92	91
Mosel-Saar-Ruwer	*	!	***	**	***	**	***	**	**	*
Mittelrhein	*	!	**	***	***	***	!	!	***	**
Nahe	*	!	**	***	**	***	***	!	***	**
Rheingau	*	!	**	**	**	***	**	!	***	*
Pfalz	*	!	**	**	***	**	**	***	**	*
Franken	*	!	**	**	*	*	**	!	**	*
Baden	*	!	**	***	!	**	*	**	**	*
Württemberg	*	!	**	**	*	*	*	***	*	*
Rheinhessen	**	!	**	***	!	**	**	!	***	*

FRANKREICH	00	99	98	97	96	95	94	93	92	91
Elsaß	***	**	*	***	***	***	*	**	**	*
Champagne	!	***	*	***	!	***	*	*	**	**
Bordeaux										
-Médoc	!	***	**	***	***	**	**	*	*	
-Graves	!	**	***	**	***	**	***	**	*	*
-St-Emilion, Pomerol	!	***	***	**	***	***	**	**	*	**
-Sauternes	*	!	**	!	***	**	**	*	*	*
Burgund										
-Weiß	***	**	*	***	!	***	**	**	!	**
-Rot	***	*	*	**	***	***	**	***	**	***
Loire	***	**	*	***	!	***	*	**	*	*
Rhone										
-Nord	!	!	*	**	***	!	**	**	**	***
-Süd	!	***	***	***	*	***	**	**	*	*

SCHWEIZ	00	99	98	97	96	95	94	93	92	91
Rot	!	!	!	!	***	!	**	*	*	**
Weiß	!	!	!	**	!	**	*	*	*	

ITALIEN	00	99	98	97	96	95	94	93	92	91
Piemont	***	***	!	**	**	*	*	!	!	
Südtirol	***	**	**	***	***	*	**	!		
Friaul	***	!	**							
Toskana										
- Chianti Classico	*	***	**	***	***	*	*	!		
- Brunello di Montalcino	**	***	***	***	***	*	**	!		
- Vino Nobile di Montepulciano	*	***	**	***	***	*	**	!		

ÖSTERREICH	00	99	98	97	96	95	94	93	92	91
Wachau	!	***	**	!	***	!	!	**	*	**
Niederösterreich	***	***	**	***	***	***	!	***	*	**
Burgenland	!	*	**	!	**	***	!	**	*	***

SPANIEN	00	99	98	97	96	95	94	93	92	91
Ribera del Duero	**	***	***	**	***	***	!	*	**	***
Rioja	**	***	**	***	***	!	*	*		**
Penedes	**	***	**	***	**	!	*	**	**	***

PORTUGAL	00	99	98	97	96	95	94	93	92	91
Port	***	**	***	**	***	***	!	*	!	***
Dão	***	**	***	***	**	***	**	*	**	**
Alentejo	!	**	***	**	**	**	*	**	**	**

AUSTRALIEN	00	99	98	97	96	95	94	93	92	91
Chardonnay	**	***	!	***	***	**	**	**	***	!
Shiraz	**	!	***	**	!	***	!	**	**	***
Cabernet Sauvignon	**	***	***	***	***	***	!	**	!	!

KALIFORNIEN	00	99	98	97	96	95	94	93	92	91
Cabernet Sauvignon	!	!	***	***	**	***	***	**	**	!
Chardonnay	***	!	**	**	***	**	***	**	**	!
Zinfandel	!	!	***	***	!	!	***	***	**	***

NEUSEELAND	00	99	98	97	96	95	94	93	92	91
Sauvignon Blanc	***	!	**	***	!	*	!	**	**	!
Cabernet Sauvignon	***	***	!	**	***	*	***	*	*	***

SÜDAFRIKA	00	99	98	97	96	95	94	93	92	91
Rotweine	***	**	***	!	**	!	***	*	***	***
Sauvignon Blanc	***	***	**	!	**	!	***		***	**

GUTE WEINHÄNDLER UND -VERSENDER (TEL./FAX)

Aachen, DiVinum, 0241–50 38 78/50 65 39
Aachen, Nagel und Hoffbaur, 0241–47 01 60/470 16 40
Augsburg, Hochwertige Weine, 0821–48 89 19/48 57 27
Augsburg, Vinopolis, 0821–70 02 90/700 29 29
Berlin, La Vinotheque du Sommelier, 030–89 09 58 06/
89 09 58 07
Berlin, Vineyard, 030–85 99 99 01/85 99 99 02
Berlin, Wein & Glas Compagnie, 030–235 15 20/23 51 52 22
Bonn, La petite France, 0228–68 74 38/68 74 39
Bielefeld, Vinsecco, 0521–1 05 99/05423–94 52 52
Braunschweig, Harald L. Bremer, 0531–23 73 60/37 30 22
Bremen, Ludwig von Kapff, 0421–399 43 00/01
Buchloe, Alpina Bovensiepen, 08241–50 05 46/50 05 44
Bühl, Vinarium Zink, 07223–98 62 26/98 62 12
Dillenburg, Richard Heuser, 02771–897 40/89 74 28
Dortmund, Mövenpick Weinland, 0231–965 15 60/ 96 51 56 99
Düsseldorf, Die Weinquelle, 0211–20 25 04/20 24
Erlangen, Vini Süd, 09131–271 80/271 83
Ebringen, Vincent Becker, 07664–978 80/97 98 99
Essen, Vino Grande, 0201–79 66 98/79 66 99
Essen, Weinzeche, 0201–24 52 00/245 20 60
Frankfurt, Wein Societät, (Tel. + Fax) 069–70 56 07

Frankfurt, Weinhandlung Dr. Teufel, 069–28 32 36/496 01 12
Freiburg, Weinhandlung Drexler, 0761–339 23/246 36
Geisenheim, Weinart, 06722–710 80/71 08 20
Gröbenzell, Le Gourmet Weine, 08142–51 77 61/548 67
Hamburg, Titanic, 040–890 81 90/89 08 19 19
Hamburg, feine Weine, 040–420 15 55/420 65 34
Hamburg, La Vigna, 040–45 20 91/450 40 32
Heidelberg, Wein Ott, 06221–41 04 20/ 47 53 00
Herne, Julius Meimberg, 02323–509 00/535 00
Hilgertshausen, Weinkontor Herten, 02366–370 20/874 40
Höhenkirchen, Bonvino, 08102–710 71/10 24
Hofheim, DC Weinimporte, 06192–209 70/227 56
Jockgrim, Delinat, 0821–790 16 50/790 16 25
Kassel, Weinhandlung Schluckspecht, 0561–126 28/10 28 10
Köln, Fegers & Unterberg & Berts, 0221–925 93 00/ 258 24 18
Köln, Vintage, 0221–92 07 10/920 71 19
Köln, Zwölfgrad, 0221–38 15 91/34 19 86
Leutkirch, Pelisande-Weine, 07561–61 75/708 94
Lübeck, H.F. von Melle, 0451–710 59/774 62
Meersburg, Georg Hack, 07532–90 97/ 90 99
Mönchengladbach, N & M Weine, 02161–18 13 16/202 91
München, Garibaldi, 089–3 59 02 22/ 3 59 29 29
München, Walter + Benjamin, 089–26 02 41 74/26 02 41 73
Nürnberg, Gebr. Kössler & Ulbricht, 0911–52 51 53/ 529 88 74
Rellingen, He-La Weinhandel, 04101–408 80/40 88 18
Rottweil, Bacchus-Vinothek, 0741–172 06/172 07
St. Ingert, Weinimport Dr. Kohler, 06894–58 13 00/58 13 33
Stuttgart, Fischer + Trezza, 0711–955 95 90/ 56 12 35
Stuttgart, Weinhandlung Bernd Kreis, 0711–76 28 39/76 28 37
Tönisvorst, Peter Clüsserath, 02151–979 70/70 11 26
Tornesch, Hawesko, 04122–5 04 00/5 10 68
Ulm, Wein-Bastion, 0731–669 93/691 99
Waldkirchen, Paulson Weinraritäten, 08581–91 01 45/91 01 47

In Österreich:
Lienz, Andrä Vergeiner, +43–4852–66 80/66 80 85
Linz, Weinhof Schenkenfelder, +43–732–67 07 11/67 25 45
Salzburg, Vinothek Stangl, +43–662–874 09 00/87 45 99
Wien, Wein &Co., +43–1–535 09 16/532 10 34
Wien, The Wine Company, +43–1–36 09 50, 36 0 9 5 99
Wörgl, Vinorama, +43–5332–78 55 78/78 55 88,
Innsbruck, St. Urban, +43–512–58 44 93/58 71 32 9

GLOSSAR

Acres

Englisches Flächenmaß. 2,471 Acres sind 1 Hektar = 10 000 qm

Abbeeren

Wird auch Entrappen genannt und bedeutet das maschinelle Abtrennen der Weinbeeren von den Traubenstielen beziehungsweise vom Traubengerüst vor dem Pressen. Dieser Vorgang ist notwendig, damit die bitteren Gerbstoffe aus dem Rebholz nicht den Weingeschmack beeinträchtigen.

Abstich

Trennen des Mostes oder Weines von Trubstoffen und Hefe. Nach der Gärung wird der junge Wein von den toten, auf den Faßboden gesunkenen Hefen, solange abgetrennt, bis der Wein klar ist.

Allier (frz.)

Eichensorte aus dem Massif Central in Frankreich mit besonders kleinen Poren. Vor allem geeignet für elegante weiße und rote Barriqueweine.

Alkoholfreier Wein

Enthält immer noch 1 bis 2 Volumenprozent Alkohol, alkoholarmer Wein hat zwischen 2 und 5,5 Prozent. Der Alkohol wird dem Wein durch aufwendige technische Verfahren entzogen, gleichzeitig werden aber auch viele Aromen zerstört. Schmeckt weniger nach Wein als nach angereichertem Traubensaft.

Anreichern

Erhöhung des Alkoholgehalts eines Weins durch Zugabe von Zucker, Traubenmost oder Traubenmostkonzentrat.

AOC (frz.)

Abkürzung für Appellation d'Origine contrôlée, kontrollierte Ursprungsbezeichnung. Französisches Klassifizierungssystem nach Rebflächen mit abgegrenztem Anbaubezirk, genehmigten Rebsorten, Maximalertrag pro Hektar, Mindestalkoholgehalt u.a.m.

Aperitif

Ein Glas Champagner, Sekt, leichter Weißwein oder Sherry als Appetitanreger vor dem Essen. Öffnet Sinne und Magen für die kommenden Speisen.

A.P.-Nummer

Nummer für amtlich geprüften Wein in Deutschland. Ohne diese Nummer ist er nicht marktfähig.

Apfelsäure

Neben der Weinsäure die zweitwichtigste Säure im Wein, schmeckt im Extremfall, also in schwachen Jahren, so sauer wie der Biß in einen unreifen Apfel.

Ampelographie

Kunde der verschiedenen Rebsorten

Assemblage (frz.)

Für den Topwein zum Beispiel eines Bordeaux-Hauses probieren der Önologe und der Kellermeister, mâitre de chai (frz.), alle Weine der verschiedenen Fässern, da sich alle geschmacklich unterscheiden und bestimmen, welche Partien aus welchen Fässern assembliert, also verschnitten, werden. Ebenso wird entscheiden, ob auch Teile des Preßweins verwendet werden, also von dem Wein, der nach der Maischegärung nicht aus dem Gärfaß abgepumpt oder abgezogen, sondern aus der noch nassen Maische herausgepreßt wurde und deshalb viel mehr Gerbstoff enthält. Was danach übrigbleibt, wird oft zum Zweitwein, also dem zweitbesten Wein des Châteaus assembliert.

Asti Spumante (ital.)

Süßlich schmeckender Schaumwein aus dem Piemont

Äthylalkohol

Der hochwertigste Alkohol. Er entsteht während der ersten, der alkoholischen Gärung, aus dem Traubenzucker. Seine Höhe hängt vom ursprünglichen Zuckergehalt der Traube ab und dem Grad der Vergärung. Der Alkoholgehalt des Weines liegt zwischen 9 Volumenprozent, wie bei hochwertigen Auslesen an Mosel-Saar-Ruwer, bis zu 14,5–15 Volumenprozent in heißen Regionen Australiens. Bordeaux und Chianti Classico kommen auf 12,5 Volumenprozent.

Atmen

Durch Umfüllen in die Karaffe kommt der Wein in Kontakt mit Sauerstoff und kann atmen, also sein Aroma besser entfalten. Die Flaschen nur zu Öffnen bringt wenig, weil der Flaschenhalsdurchmesser einfach zu klein ist, um genügend Luft hereinzulassen.

Aufbinden

Hochbinden der jungen Rebstocktriebe, damit die Sonne überall hinscheinen kann. Findet im Frühsommer statt.

Aufgespritete Weine

Darunter fallen Dessertweine wie Banyuls, Madeira, Marsala, Portwein oder Sherry. Ihre Gärung wird durch Hinzufügen von hochprozentigem, reinem Alkohol (meist Branntwein) abgestoppt. Die Weine lagern unterschiedlich lange in Holzfässern und haben einen Alkoholgehalt von meist über 17 Volumenprozent.

autochtone Reben

Rebsorten, die in einer eng umgrenzten Region beheimatet sind. Sie wurzeln selten in einer anderen Region, im Gegensatz zu internationalen Rebsorten.

Auge

Knospe in der Blattachse, aus der sich im folgenden Jahr ein traubentragender, langer Trieb entwickelt.

Ausbau

Reifephase eines Weines im Holzfaß, Edelstahltank oder Zementfaß.

Ausdünnen

Herausschneiden noch unreifer Trauben während des Sommers mit dem Ziel der Ertragsreduktion.

AVA (engl.)

Abkürzung für Approved Viticultural Area. Versuch, in den USA ein Qualifizierungssystem der Regionen einzuführen, ist allerdings noch nicht so ausgereift wie das AOC-System in Frankreich.

Ausbruch

Ausdruck für edelfaule, rosinenartig zusammengeschrumpfte Trauben, die am Neusiedlersee im Burgenland, Österreich, zu einem Süßwein verarbeitet werden. Heißt in Ungarn Aszú (siehe Tokaji-Aszú).

Bag-in-the-Box

Der Wein wird in ein beutelartiges Behältnis mit festem Umkarton von drei bis zehn Liter Inhalt gefüllt. Eine perfekte, hygienische Verpackung für Party-Weine, leider viel zu oft in mieser Qualität.

Ballonglas

Klassische, ballonartige Glasform, häufig zu finden bei Industriegläsern, für Weingenuß weniger geeignet.

Barrique

Bezeichnung für ein Holzfaß mit 225 Liter Inhalt, früher nur in Bordeaux üblich, heute überall auf der Welt zu finden. Hergestellt aus verschiedenen meist französischen Eichenholzarten, wie Allier, Tronçais, Nevers.

Bâtonnage (frz.)

Mit einem Stock wird die Hefe aufgerührt, die sich nach der Gärung auf dem Faßboden abgesetzt hat. Die so behandelten Weine schmecken runder, weicher und fülliger. Gut für manche Top-Chardonnayweine.

Bewässerung

Notwendig zur Vermeidung von Trockenstreß der Reben in Regionen mit heißem Klima, wo im Sommer zu wenig Regen fällt. Andernfalls würden nur winzige Trauben mit wenig Saft gedeihen, im Extremfall könnte die Ernte komplett ausfallen.

Biowein

Auch Ökowein genannt. Ökowinzer verzichten im Weinberg und Keller auf Chemie, um das natürliche Gleichgewicht der Natur zu wahren und die Bekömmlichkeit eines Weins zu fördern. Biologisch-dynamische Winzer bereiten ihre Weine nach den

Lehren des Anthroposophen Rudolf Steiner und achten im Weinberg und Keller auf die Mondphasen.

Blanc de Blancs (frz.)

Bezeichnung für nur aus weißen Trauben gekelterte Weißweine und Schaumweine. Champagner Blanc de Blancs besteht nur aus Chardonnay-Trauben.

Blanc de Noirs (frz.)

Bezeichnung für aus roten Trauben gekelterte Weiß- und Schaumweine. Champagner Blanc de Noirs besteht aus Pinot-noir- und/oder Pinot-meunier-Trauben.

Blanquette de Limoux (frz.)

Flaschenvergorener Schaumwein aus dem Roussillon im Südwesten Frankreichs, mit der ältesten Tradition aller Schaumweine

Beerenauslese

Qualitätswein mit Prädikat, der Auslese nächstübergeordnete Qualitätsstufe. Entsteht aus per

Hand einzeln gelesenen, vollreifen, oft edelfaulen Trauben mit einem hohen natürlichen Restzucker.

Blend (engl.)

Verschnitt verschiedener Rebsorten oder Weine verschiedener Fässer, typisch für Châteaux-Weine in Bordeaux und Übersee. (siehe Assemblage und Cuvée)

Botrytis

Gewollte Edelfäule vollreifer Trauben, verursacht durch den Schimmelpilz *Botrytis cinerea*. Der Pilz durchlöchert die Beerenhaut, ein Großteil des Wasser in der Traube verdunstet und alle Inhaltsstoffe wie auch der Zucker werden stark konzentriert. So entstehen Beeren- und Trockenbeerenauslesen sowie Tokaj. Bei unreifen Trauben bewirkt der Pilz Sauerfäule.

Baumé

Maß in vielen europäischen Ländern, wie Frankreich, und in Übersee (Australien) für etwaigen Zuckergehalt in der Traube. Aus der Höhe des Baumé-Grads läßt sich direkt der potentielle Alkohol ablesen. 11 Grad entsprechen 11 Volumenprozent potentiellem Alkohol, wenn der gesamte Zucker von der Hefe vergoren wird.

Brix

Maß in englischsprachigen Ländern für den Zuckergehalt der Traube. 80 Grad Oechsle = 9,3 Brix = 10 Volumenprozent bzw. 10 Gramm Alkohol pro Liter Wein.

Brut

Fast alle Schaumweine oder Champagner werden als Brut oder mit der Bezeichnung »trocken« verkauft, obwohl sie pro Liter bis 15 Gramm Zucker enthalten dürfen.

Bukettsorten

Rebsorten mit intensivem, würzigem, exotischem Aroma, oft Kreuzungssorten.

Carati (ital.)
Name für das kleine Eichenholzfaß in Italien

Castello (ital.)
Zu einem schloßartigen Haus gehörendes Weingut

Cava (span.)
Die spanische Antwort auf Champagner, hergestellt aus den Rebsorten Parellada, Xarel-lo, Macabeo (Viura), seit einiger Zeit zunehmend auch aus Chardonnay-Trauben.

Charta (dt.)
Renommierte Vereinigung von über 50 Rheingauer Winzern, die trockene bis halbtrockene Rieslinge nach strengsten Vorgaben keltern. Die besten dürfen sich Chartaweine nennen, zu erkennen an den braunen Schlegelflaschen mit eingeprägtem Chartasymbol.

Château (frz.)
Bezeichnung für ein Gebäude, das nicht immer der wörtlichen Übersetzung, nämlich Schloß, entspricht. Im Médoc, in Bordeaux schon. Die feinsten Weingüter sind tatsächlich in Schlössern untergebracht.

Crémant (frz.)
Klassisch flaschenvergoren wie Champagner, wird jedoch nicht nur aus Pinot noir, Pinot meunier und Chardonnay gekeltert, sondern auch aus anderen Rebsorten wie Chenin blanc, Riesling, Pinot gris und Sauvignon blanc und stammt aus verschiedenen Regionen. Die bekanntesten sind Crémant d'Alsace, Crémant de Bourgogne und Crémant de Loire. Crémant ist vergleichbar mit guten, flaschenvergorenen Winzersekten aus Deutschland und Österreich.

Cru bourgeois (frz.)

Nicht klassifizierte Weine in der Bordeaux-Region Médoc, teilweise so gut und auch so teuer wie die höher eingestuften, klassifizierten »Crus Classés«.

Champagnerverfahren

Geschützter Begriff für die Herstellung von ausschießlich aus der Champagne kommenden und nach der klassischen Flaschengärung bereiteten Schaumweinen.

Chaptalisation (frz.)

Zusatz von Rübenzucker im Most oder Traubensaft vor der alkoholischen Gärung, um den Alkohol anzuheben. Ist in Deutschland nur bei Qualitätswein, also QbA, gestattet, aber für Prädikatsweine, also ab der Qualitätsstufe Kabinett, verboten. In anderen Ländern werden selbst Spitzenweine wie beispielsweise in Bordeaux oder Burgund erlaubterweise bis zu einem bestimmten Grad aufgezuckert.

climats (frz.)

Oberbegriff für Weinbergslage im Burgund

clos (frz.)

von einer Mauer oder Zaun umfriedeter Weinberg, gebräuchlich vor allem im Burgund

Cuvée (frz.)

Verschnitt von Weinen verschiedener Fässer oder verschiedenen Weinen. In der Champagne, auch bei Markensekten entstehen auf diese Weise unabhängig von Jahrgangsunterschieden von Jahr zu Jahr gleich schmeckende Standardmarken. Der Kellermeister verschneidet dafür viele verschiedene Grundweine unterschiedlicher Jahrgänge bis der Geschmack, der Stil des Hauses erreicht wird. Diese Kunst beherrscht nur ein Kellermeister mit viel Talent und langer Erfahrung. Top-Häuser der Champagne stellen ihre Cuvée aus bis zu 300 Grundweinen her. Der Begriff Cuvée wird aber auch für Stillweine verwendet

Degorgieren

Abtrennen der Hefe vom Schaumwein nach der Reifezeit in der Flasche.

Dekantieren

Abtrennen des Depots eines Rotweins vom klaren Wein. Kann per Hand oder mit Hilfe eines Dekantiertrichters erfolgen, einem silbernen Gerät mit einem Sieb im Ausflußloch. Man setzt den Trichter auf die Karaffe, in die der Wein langsam hineinläuft, während das dunkle Depot im Sieb hängenbleibt.

Depot

Bitter schmeckender Bodensatz, Ausfällung von Gerbstoff und Farbe, die sich während der Reife am Flaschengrund sammelt. Manche Rebsorten wie Cabernet Sauvignon bilden mehr, Pinot noir bildet dagegen selten Depot. Wird durch Dekantieren entfernt. Nicht zu verwechseln mit Weinstein.

Diabetikerwein

Trockener Wein mit maximal 4 g Restzucker pro Liter

Digestif

Hochgeistiges, wie Cognac, Armagnac, Obstbrand oder Grappa, um nach dem Essen die Verdauung anzuregen.

DO (span.)

Abkürzung für kontrollierte Qualitätskategorie in Spanien (Denominacion de Origen)

DOC

Abkürzung für kontrollierte Qualitätskategorie in Italien (Denominazione di Origine Controllata) oder Portugal (Denominaçáo de Origem Controlada)

DOCG

Spitzenkategorie italienischer Weine innerhalb des DOC-Systems (Denominazione di Origine Controllata e Garantita)

Dosage (frz.)

Bei Schaumweinen vor und nach der zweiten Gärung zugesetzte Zucker-Weinlösung. Zwei Arten werden unterschieden:

1. Fülldosage – sie wird zusammen mit der Hefe vor der zweiten Gärung zugesetzt.

2. Versanddosage – die Menge der vor dem Verkorken zugesetzte Menge bestimmt den Süßegrad des fertigen Champagners oder Sekts.

Für die Bezeichnung gelten folgende Richtlinien:

Brut zéro oder Brut non dosé: ohne Zuckerzugabe,
Extra brut: unter 6 g/l, Brut: unter 15 g/l,
Extra dry: 12-20 g/l, Demi-sec: 32-50 g /l.

Edelfäule

Siehe Botrytis, heißt in anderen Ländern muffa (ital.), noble rot (engl.), podredumbre noble (span.), pourriture noble (frz.).

Edelstahltank

Gär- oder Lagerbehälter für Most beziehungsweise Wein. Vorteile gegenüber Holzfässern: leichter sauber zu halten, geschmacksneutral und bestens geeignet für temperaturkontrollierte Gärung.

Edelreis

Oberirdischer Teil des Rebstockes mit dem Charakter der gewählten Rebsorte, aufgepfropft auf Unterlagsreben.

Edelzwicker

Markenwein aus dem Elsaß. Verschnitt aus verschiedenen Rebsorten

Eiklar

Sehr aufwendige Methode zur Schönung eines Weins. Das aufgeschlagene Hühnereiweiß wird in den Wein eingerührt (etwa 1-2 Eiweiß pro Barrique) und bindet herbe, bittere Gerbstoffe stärker als die reifen. Das Eiweiß flockt zusammen mit Trubstoffen aus und wird abgetrennt. Zuvor herbe Rotweine schmecken nach dieser Behandlung milder und runder.

Einbrennen

Anrösten der Innenseite des Barrique, auch Toasten genannt. Man unterscheidet leicht, mittel und stark geröstet (in englischsprachigen Weinregionen light, medium und high toasted). Je stärker der Einbrenngrad, umso deutlicher schmeckt der Wein nach Vanille, Karamelle und Rauch.

Einzellage

Kleinste gesetzlich definierte Weinbergseinheit, unabhängig von der tatsächlichen Größe.

Eiswein

Edler Wein aus Trauben, die bei einer Temperatur von unter minus 8 Grad Celsius am Stock gefroren sind. Dadurch konzentriert sich der Zucker, die Säure und

allen anderen Inhaltsstoffe. Der gefrorene Wasseranteil wird durch schnelles Abpressen vom Traubensaft getrennt. Der Aufwand lohnt sich nur dann, wenn die Trauben voll ausgereift sind und der Most einen Zuckergehalt von mehr als 80 Grad Oechsle aufweist.

Entsäuern

Üblich sind drei unterschiedliche Methoden, um eine zu hohe, unharmonische Säure – meistens Apfelsäure – im Wein zu mildern:
1. durch biologischen Säureabbau (kurz BSA), auch Milchsäuregärung genannt
2. durch chemische Bindung der Weinsäure mit kohlensaurem Kalk
3. durch Verschnitt mit einem säureärmeren Wein

Erntemenge

Vom Weinberg produzierte Traubenmenge gemessen in

a) Tonnen pro Hektar, b) tons per acre in der Neuen Welt, c) Hektoliter pro Hektar. 100 kg Trauben ergeben im Schnitt 70 Liter guten Wein bzw. 80 Liter Massenwein.

Erstes Gewächs

Die Topkategorie für Rheingauer Rieslinge nur aus den allerbesten Lagen der Region. Unterliegt strengsten Richtlinien, vergleichbar mit dem burgundischen Lagenmodell und der Spitzenkategorie Grand Cru.

Espumoso (span.)

Schaumwein

Essenzia

Zehn Jahre im Faß gereifte ungarische Spitzenkategorie aus hundert Prozent edelfaulen Aszú-Trauben wird nur in absoluten Spitzenjahren gefüllt.

Extraktion

Auslaugen der Farbstoffe und Gerbstoffe, indem man die Rotweinmaische längere Zeit ziehen läßt.

Färbertrauben

Rote Rebsorten mit großer Farbintensität. Die dunklen Farbpigmente stecken nicht nur in der Traubenhaut wie bei anderen Rotweinsorten, sondern auch im Fruchtfleisch. Ein fünfprozentiger Zusatz verhilft blassen Rotweinen zu mehr Farbintensität.

Feinhefe

Verbleibende Hefe nach der Gärung und Abtrennung der Grobhefe, die als Bodensatz ausfällt.

Flaschenkörbchen

Gestell aus Korb oder Metall, in das die Flasche vor dem Dekantieren gelegt wird, damit sich das Depot absetzen kann.

Flying Winemakers (engl.)

Meist australische, aber auch einige französische Weinmacher, die durch die Weinwelt jetten. Sie beraten Winzer, wie man Weine bereitet, die schon in der Jugend ihr volles Aroma entfalten sollen.

Foudre (frz.)

Bezeichnung für Holz. Bezeichnet an der Südrhone oder in den Regionen entlang des Mittelmeers einen im Holzfaß gereiften Rotwein »Vieilli en foudre«.

Franciacorta (ital.)

Aus der Lombardei stammender bester und klassisch vergorener Schaumwein, hergestellt aus den Rebsorten Chardonnay, Pinot bianco, Pinot nero und Pinot grigio.

French paradoxum

Obwohl sie nach Herzenslust essen und trinken, sterben Franzosen seltener an Herzinfarkt als beispielsweise Deutsche. Das ganze Geheimnis: moderater, aber regelmäßiger Weingenuß während des Essens.

Frizzante (ital.)

Perlwein

Fructose

Fruchtzucker, für Diabetiker wesentlich weniger schädlich als Glucose. Höherer Anteil in reifen Trauben.

frühreifende Rebsorten

Müller-Thurgau-Trauben beispielsweise sind schon zwischen Ende August und Mitte September voll ausgereift, Riesling oder Pinot noir viel später. In kühleren Jahren können diese bis in den November hinein am Stock hängen, um ausreichend Zucker einzulagern.

Fuder

Name für Holzfaß an der Mosel mit 1000 Litern. In den Regionen am Rhein heißt das Faß »Stück« und hat einen Inhalt von 1200 Liter.

Fût de chêne (frz.)

   In Südfrankreich gebräuchlicher Name für Eichenholzfaß

Glucose

   Traubenzucker. Im menschlichen Blut ist etwa 0,1
   Prozent Glucose enthalten, bei Diabetikern in höherer
   Konzentration. Trotzdem müssen Diabetiker nicht
   gänzlich auf Süßwein verzichten. Sie sollten den
   Winzer nach dem Glucose- und Fructoseanteil fragen.

geschützte Rebsorten

   Dürfen in Deutschland und Ländern, die über eine
   ähnliche Weingesetzgebung verfügen, offiziell angebaut werden. Der Anbau von Chardonnay-Reben zum
   Beispiel war in Deutschland bis 1991 nur innerhalb
   eines Versuchsanbaus geduldet, aber nicht erlaubt.

Glaspflege

   Mit wenig Spülmittel säubern und heißem Wasser
   nachspülen, auf einem Tuch abtropfen lassen – fertig.
   Nach dem Säubern im Geschirrspüler die Tür einen
   Spalt öffnen, den heißen Dampf herauslassen, da er
   sonst die Glasoberfläche angreifen und das Glas lang
   sam milchig eintrüben kann (besonders wichtig bei
   Gläsern mit Bleikristallgehalt.)

Grand Cru (frz.)

   Wörtlich »Großes Gewächs«. Höchste Qualitätsstufe
   im Burgund und Elsaß für die besten Weinbergslagen
   und Weine.

Gran Reserva (span.)

   Top-Wein nur von besten Jahrgängen, der fünf
   Jahre teils im kleinen Holzfaß, teils im Tank oder in
   der Flasche reifte, bevor er in den Verkauf kommt.

Holzspäne

Holzton kommt auch durch Einrühren von Holzspänen oder Stückchen in den Wein. Diese Methode ist zwar um ein Vielfaches günstiger als der Kauf eines etwa 900 Mark teuren, kleinen Eichenholzfasses, um den Wein darin reifen zu lassen, bringt aber längst nicht die gleiche Qualität.

internationale Rebsorten

Im Gegensatz zu autochtonen, wurzeln internationale Rebsorten fast überall auf der Welt und erfreuen sich, oft als Basis sortenreiner Weine, großer Beliebtheit. Unter den weißen Rebsorten ist Chardonnay noch die Nummer eins, wird aber immer mehr von der Sauvignon blanc verdrängt. Platz eins bei den roten Sorten belegt Cabernet Sauvignon, gefolgt von Merlot, Pinot noir, sowie neuerdings Syrah, in Übersee oft, in Australien immer Shiraz genannt.

Internationaler Wein

Wein eines Stils, der nicht mehr genau erkennen läßt, wo die Trauben gewachsen sind

Jahrgangschampagner

Champagner aus Trauben nur eines Jahrgangs, nur in guten bis Top-Jahrgängen erzeugt.

Jungfernwein

Erste Ernte von den Trauben eines (in der Regel) dreijährigen Rebstocks.

Karaffe

Glasgefäß zum Umfüllen von Wein, um ihm Luft zu geben, damit das Aroma verstärkt wird, oder zum Dekantieren, also Abtrennnen des trüben, feinkörnigen Depots vom klaren Wein.

Kellnerbesteck oder Kellermesser

Praktisch, zusammenklappbar und einfach zu bedienen. Mit dem seitlich angebrachten Messer wird die obere Kapsel abgetrennt und der Korken durch Hebelwirkung herausgeholt. Hat jeder Weinkellner in der Tasche.

Kelter

Auch Presse genannt. Maschine zum Auspressen der frischen Trauben, um den Most zu gewinnen.

Klassifizierung

Qualitative Bewertung und Einstufung von Weingütern (wie in Bordeaux), Weinlagen (am Douro für Portwein) und Rebsorten, abhängig von der Lage, in der sie wachsen (wie im Elsaß, in der Champagne, im Burgund und Rheingau für Riesling).

Klärung

Der Wein wird klar, indem sich die schwebenden Trubteilchen von allein absetzen und dann abgetrennt werden. Die maschinelle Klärung erfolgt durch einen Filter, bestehend aus mehreren, hintereinander ange-ordneten Filterplatten, in denen die Trubteile hängen bleiben oder für Most mittels Separator.

Klon

Vegetativ vermehrter Rebsteckling einer gewünschten Rebsorte mit allen Merkmalen des Mutterrebstocks

Klosterneuburger Mostwaage

Abkürzung KMW: Österreichische Maßeinheit für den Zuckergehalt der Traube zur Zeit der Lese.
1 Grad KMW = 5 Grad Oechsle

Kreuzung

Neue Rebsorte, durch Kreuzung entstanden. Die Müller-Thurgau-Rebe zum Beispiel wurde aus Riesling und Gutedel gezüchtet.

Küfer

Holzfaßbauer. Aus unter freiem Himmel abgelagertem oder maschinell getrocknetem Holz baut der Küfer unterschiedlich große Eichenholzfässer für Wein und faßgelagerte Spirituosen wie Cognac oder Whiskey.

Kühlzeit

Je nach Temperatur des Weins vor dem Kühlen dauert es zwei bis vier Stunden, um im Kühlschrank die Flaschentemperatur unter zehn Grad zu bringen.

Leichtwein

Weine mit geringerem Alkoholgehalt, also unter zehn Volumenprozent. Die schönsten Leichtweine entstehen in der Region Mosel-Saar-Ruwer. Unter dortigen Klimabedingungen wachsen Trauben mit relativ wenig Zucker, so daß nicht so viel Alkohol entstehen kann.

Leverpull

Der teuerste Korkenzieher der Welt, holt den Korken in Windeseile heraus und gibt ihn durch eine geniale Konstruktion ohne großes Herausdrehen wieder frei.

Literwein

In Deutschland oft viel besser als sein Ruf, beim guten Winzer immer ein tolles Schnäppchen.

Madeira

Aufgespriteter Edelsüßwein von der gleichnamigen portugiesischen Atlantikinsel. Vier Rebsorten sind zugelassen und geben dem Wein gleichzeitig auch den Markennamen: Malvasier oder Malmsey (engl.), Boal, Verdelho und der Riesling-Abkömmling Sercial.

Maische

Nach dem Entbeeren bzw. Entrappen der Trauben folgt das Einmaischen der Trauben, bevor rote Trauben auf der Maische vergoren, beziehungsweise weiße für Weißwein oder rote Trauben für Rosé-Wein auf der Kelter danach sofort abgepreßt werde.

Maischekurzzeiterhitzung

Für wenige Sekunden wird die Rotweinmaische auf etwa 85 Grad Celsius für eine schnelle und bessere Farb- und Fruchtausbeute erhitzt. Gefahr: Empfindliche Rotweinsorten können nach dieser Behandlung manchmal nach Karamelle und gekochten Früchten schmecken.

Mazeration

Herauslösen der Farbe und Frucht aus der Traubenhaut und dem Fruchtfleisch.

Méthode champenoise (frz.)

Champagnerverfahren, geschützter Begriff

Metodo classico oder metodo tradizionale (ital.)

Italienischer Begriff für klassisch flaschenvergorene Schaumweine

Método tradicional (span.)

Spanischer Begriff für klassische Flaschengärung, benutzt für Cava, spanischen Schaumwein.

Milchsäuregärung

Auch malolaktische Gärung genannt. Milchsäure-bakterien bauen, wenn nicht vom Winzer bewußt unterbrochen, die aggressive, sauer schmeckende Apfelsäure nach der alkoholischen Gärung in die viel weichere und runder schmeckende Milchsäure um. Besonders wichtig bei Rotweinen, speziell Pinot noir.

Mittelmeerdiät

Essen wie in Frankreich oder Italien: viel Obst und Gemüse, im Vergleich zu Nordeuropa weniger Kartoffeln und Reis, etwas weniger Milch, Milchprodukte und Käse, noch weniger Fleisch, Fisch, Eier, Hülsenfrüchte und Nüsse und sehr wenig Fette und Öle.

Moderebsorten

Moderebsorten sind meist gleichbedeutend mit internationalen Rebsorten, die überall auf der Welt die gewünschte Qualität erzielen, da sie weniger starke Ansprüche an Klima und Boden stellen. Schwierig wird es bei anspruchsvolleren Rebsorten wie die weltweit immer stärker in Mode kommende Riesling-Traube, ebenso für den roten Pinot noir oder die weiße Sorte Chenin blanc. Allesamt entwickeln nur unter bestimmten Bedingungen höchste Qualität. Selbst ausgefeilte kellertechnische Methoden, können das Klima der Ursprungsregionen nicht ersetzen.

Moderner Wein

Mit modernster Kellertechnik bereiteter Wein, schon in der Jugend gut zu trinken.

Mostwaage

Senkspindel, mit der das spezifische Gewicht des Traubensafts (Most), somit der Zuckergehalt gemessen wird.

Neuzüchtungen

In Deutschland in den sechziger und siebziger Jahren gezüchtete, meist aromatische Rebsorten, die guten Ertrag und wenn er niedrig ist, auch Qualität liefern.

Oenologe

Fachmann in Theorie und Praxis der Oenologie, der Wissenschaft vom Wein

Oechsle

Abkürzung: Oe. Oe-Grade geben an, um wieviel

Gramm 1 Liter Traubenmost schwerer ist als 1 Liter
Wasser. Ein Most von 80 Grad Oe enthält 170 g Zucker
pro Liter und hat ein spezifisches Gewicht von 1,08.
Gemessen wird das im Weinberg mit einem Refraktometer oder einer Mostwaage oder Senkspindel.

Oidium

Echter Mehltau. Pilz, der die Beerenhaut zerstört und
zu starken Ernteeinbußen führen kann.

Qualitätswein

Fast alle Weine in Deutschland und Österreich fallen
unter diese Kategorie. Laut geltenden Weingesetzen
entscheidet über die Qualität nicht die Lage wie in
Burgund oder das Château wie in Bordeaux, sondern
der Zuckergehalt der Traube zur Zeit der Lese. Egal, ob
ein Qualitätswein aus einer edlen Traube wie der
Riesling oder Massenträgertraube wie der Ortega
gekeltert wurde. Nur der Zuckerwert zählt.

Qualitätswein mit Prädikat

Die Einstufung beginnt bei Kabinett, dann folgen mit
jeweils steigendem Zuckergehalt Spätlese, Auslese,
Beerenauslese,Trockenbeerenauslese und Eiswein.

Oxhoft (engl.)

Name für ein kleines Eichenholzfaß in Übersee
mit 300 Liter Inhalt.

Perlwein

Perlwein enthält nur halb so viel Kohlensäure wie
Schaumwein und bildet daher eine eigene Kategorie.
Sein Perlen kommt von einer nur kurzen zweiten
Gärung oder durch Zugabe von Kohlendioxid.

Peronospora

Falscher Mehltau. Gefährlichste Pilzerkrankung, entblättert den Rebstock und zerstört den Blütenansatz.

Pétillant (frz.)

Perlwein

Pflanzdichte

Der Stockabstand der einzelnen Reben im Weinberg. beeinflußt den Traubenertrag und ist abhängig von der Wasserversorgung des Bodens. Die Pflanzdichte schwankt von 10 000 Reben pro Hektar im Burgund bis zu unter 1000 in heißen Regionen.

physiologische Reife

Zeitpunkt, zu dem alle Inhaltsstoffe der Traube ausgereift sind: Zucker, Säuren, Mineralstoffe und Tannin.

Pièce (frz.)

Name für ein kleines Eichenholzfaß im Burgund mit 228 Liter Inhalt

Portwein

Aufgespriteter Süßwein aus Portugal, gelegentlich als Weißwein, überwiegend aber als Rotwein aus bis zu achtzig Rebsorten. Es wird unterschieden zwischen Ruby, rubinrotem Port, Tawny, blaßrotem Port und Vintage Port, also Jahrgangsport, der nur in den besten Jahrgängen hergestellt wird.

Prädikatssekt

Hat einen Anteil von mindestens 60 Prozent deutscher Grundweine. Wenn auf dem Etikett eine Rebsorte angegeben ist, muß der Sekt zu mindestens 75 Prozent aus dieser Rebsorte bestehen, flaschenvergoren und mindestens sechs Monate auf der Hefe gereift sein.

Premier Cru (frz.)

Nach Grand Cru die zweithöchste Qualitätsstufe im Burgund für die besten Weinbergslagen. In den Toregionen von Bordeaux dürfen vier Weingüter im Médoc die Bezeichnung Premier Cru Classé führen, nämlich die Châteaux Lafite, Latour, Mouton-Rothschild und Margaux und Haut-Brion im Graves.

Preßkork

Billigster Kork für günstige Weine und Sekte, aus Korkkrümeln zusammengepreßt.

Prestige Cuvée

Das edelste, zumeist auch teuerste Cuvée unter den Champagner-Cuvées. Das Top-Cuvée der Champagnerhäuser, daß nur aus den allerbesten Trauben, der besten Lagen bereitet wird.

Premier Cru (frz.)

Wörtlich »Erstes Gewächs«. Oberste Qualitätsstufe im Bordeaux, im Burgund zweithöchste Stufe unter der Grand Cru-Qualität.

Prosecco

Name einer Rebsorte in der norditalienischen Provinz Treviso. In Deutschland heute überwiegend nur als schäumender Wein aus dieser Rebsorte bekannt – als Frizzante (Perlwein) oder als Spumante (Schaumwein).

Rappen

Traubengerüst bzw. Stiele ohne Beeren

Reblaus

Gefräßige Laus, die wie ein kleiner Vampir über die Wurzel den Saft der Rebe aussaugt.

Rebschnitt

Jährliches Wegschneiden der ein- bis zweijährigen Triebe nach der Weinlese sowie Anschnitt auf eine bestimmte Augenanzahl. Je weniger Augen, umso geringer der Ertrag, umso besser letztlich die Qualität.

Rebsorte

heißt cépage (frz.), uva (ital.), cepa (span.), vine variety (engl.)

Rebsortenweine

Weine, die zum größten Teil aus einer Traubensorte bestehen und zunehmend den Terroirweinen, also Weinen bestimmter Anbauregionen und genau benannter Weinlagen, verdrängen. Typisch für die Neue Welt.

Refraktometer

Optisches Meßgerät zur Bestimmung des Zuckergehalts von Traubensaft (Most), siehe Oechsle

remueur (frz.)

Flaschenrüttler. Die besten Rüttler drehen zwischen 40 000 und 50 000 Flaschen pro Tag.

Reservewein

Eingelagerter Vorratswein früherer Jahrgänge für die Cuvée, wichtig bei der Champagnerbereitung.

Rosé-Champagner

Rosafarbener Champagner entsteht meistens durch Mischen von Rot- und Weißweinen, selten durch Mazeration der Trauben, um die roten Farbstoffe aus der Traubenschale herauszulösen.

Rütteln

Regelmäßiges Drehen der Flasche nach der zweiten Gärung per Hand oder maschinell in der Gyropalette, bis die tote Hefe in den Flaschenhals gerutscht und anschließend durch Degorgieren vom Schaumwein abgetrennt werden kann.

Säuerung

Erhöhung der Säure in Weinen heißerer Regionen mittels Wein-, Apfel- oder Zitronensäure (oft anzutreffen in billigen Weinen der neuen Welt).

Sauternes

Frankreichs teuerste und meist auch beste Süßweine aus den Rebsorten Sémillon, Sauvignon blanc und Muscadelle, gewachsen in der Region Sauternes südlich der Stadt Bordeaux. Weniger bekannt, aber gut und günstiger sind die etwas fruchtigeren Süßweine aus Barsac, im Norden der Region Sauternes.

Schaumwein

Sammelbezeichnung für alle schäumenden Weine, wie Champagner, Crémant, Sekt, Cava, Talento. Heißt international sparkling wine (engl.), vin mousseux (frz.), vino espumoso (span.), vino spumante (ital.).

Schwefel

Wird als schwefelige Säure dem Wein zugesetzt. Schützt vor Oxidation, das heißt vor zu schneller Alterung des Weins.

Seele

Mittelachse einer Korkenzieherspirale. Spiralen ohne diese »Seele« zerreißen den Korken.

secco (ital.)

trocken

Sekt

Name für deutschen Qualitätsschaumwein

Separator

Wie eine Zentrifuge, die den Most von Trub befreit.

Sektverschluß

Fester Verschluß, der auf eine angebrochene Schaumweinflasche aufgebracht wird, um die Kohlensäure etwas länger in der Flasche zurückzuhalten.

Sektzange

Festsitzende Sekt- oder Champagnerkorken lassen sich damit lockern, um die Flasche dann zu öffnen.

Serviertemperatur

Wein und Sekt schmecken besser, wenn sie richtig temperiert werden. Je kühler ein Weißwein oder Sekt, umso spritziger und frischer schmeckt er, aber auch umso verhaltener ist sein Duft. Je kühler dagegen der Rotwein, umso deutlicher die Frucht, aber auch das Tannin. Je körperreicher ein Rotwein, umso höher sollte die Trinktemperatur liegen. Das betont die Frucht intensiver und die Tannine schmecken weicher. Die Temperatur für Rotwein sollte nicht achtzehn Grad Celsius übersteigen, weil sonst der Alkohol zu deutlich in den Vordergrund tritt.

Silberlöffel

Es wird bezweifelt, daß ein Silberlöffel, in eine angebrochene Sektflasche gesteckt, den Schaumwein einen Tag länger frisch halten kann. Die Erfahrungen vieler Sektfreunde sprechen dennoch dafür.

Smaragd

Höchste Qualitätsstufe für Riesling und Grünen Veltliner aus der Wachau in Österreich.

Steillage (oder Hanglage)

Steil ansteigender Weinberg, nur noch per Hand zu bearbeiten. Im Vergleich zu Flachlagen ist der Arbeitsaufwand etwa dreimal so hoch.

Super Tuscans oder Supertoskaner

Rote Spitzenweine aus der Toskana, in den späten siebziger Jahren aus der zugelassenen roten Sangiovese-Rebe entstanden sowie anderen, per Gesetz nicht zugelassenen Sorten wie Cabernet Sauvignon, Merlot, Syrah und Pinot noir, zudem im Barrique, statt in großen Fässern, gereift. Damit waren sie keine DOC-Weine, sondern Vini da Tavola, das heißt Tafelweine.

Superiore (ital.)

Weine mit mehr Alkohol und manchmal längerer Faß- bzw. Flaschenreife als die einfachere Kategorie, wie zum Beispiel Valpolicella Superiore im Vergleich zum Valpolicella.

sur lie (frz.)

Weißwein, der nach der alkoholischen Gärung und Abtrennung der groben Hefe eine Weile auf der Feinhefe reifte, wie zum Beispiel »Muscadet sur lie«.

Süßreserve

Unvergorener, geklärter Traubenmost zum Süßen kurz vor der Flaschenabfüllung.

Synonyme

Verschiedene Namen für die gleiche Rebsorte. Der Riesling heißt in der badischen Ortenau zum Beispiel auch Klingelberger, in der Neuen Welt trägt er manchmal den Namen Johannisberg Riesling. Der Chardonnay wird in der österreichischen Steiermark Morillon genannt, der Lemberger in Österreich Blaufränkisch und der Trollinger in Südtirol Vernatsch.

Tafeltrauben

Rebsorten, deren Trauben für den Verzehr gedacht und selten zum Weinmachen geeignet sind, im Gegensatz zu Keltertrauben, die vorwiegend für die Weinbereitung angebaut werden und in ihrer Vielfalt deutlich überwiegen.

Tafelwein

Bei Vino da Tavola (ital.), Vin de Table (frz.) oder Tafelwein handelt es sich eigentlich um einen schlichten Trinkwein. Hinter dieser Bezeichnung kann sich auch ein Spitzenwein verbergen. Weingüter, die ihre Weine ganz nach eigenen Vorstellungen ausbauen, dabei für höchste Qualität und Individualität das Weingesetz ignorieren, dürfen diese Topweine nur als Tafelwein verkaufen. Von einfachen Tafelweinen unterscheiden sie sich nicht nur durch den viel höheren Preis, auch durch ihre hochwertige Ausstattung - Etikett, schwere Flasche etc.

Talento

Italienischer Name für hochwertige flaschenvergorene Schaumweine

Tankvergärung

Zweite Gärung, erfolgt im geschlossenen Edelstahltank. Bevorzugte Methode für günstige Markenschaumweine.

Temperaturkontrolle

Kontrolle der Gärtemperatur. Je höher die Temperatur über 20 Grad Celsius steigt, umso mehr flüchtige Aroma- bzw. Fruchtstoffe gehen verloren. Je kälter der gärende Wein ist (unter 20 Grad Celsius), umso mehr dieser wertvollen Stoffe bleiben im Wein gelöst.

Terroir (frz.)

Komplexes Zusammenspiel von Boden, Klima und Witterungsverlauf. Hat Einfluß hat auf die Qualität und den lagenbezogenen Charakter eines Weines.

Terroirwein

In der Alten Welt ist man im Gegensatz zu Weinmachern in Übersee überzeugt, daß der Charakter eines Weines, sein Ausdruck und seine Qualiät stärker vom Boden, der Lage und dem Klima beeinflußt werden als von der Technik im Weinkeller.

Tinto (ital., span., port.)

In Verbindung mit Vino (ital.) oder Vinho (span. und port.) bedeutet tinto Rotwein.

Tonnellerie (frz.)

Küferei bzw. Holzfaßbaubetrieb

Tokajer

Süßwein aus der Region Tokaj-Hegyalja im äußersten Nordwesten Ungarns. Nicht zu verwechseln mit den Rebsorten Tocai (aus Friaul) oder Tokay d'Alsace.

Tokaji Aszú

Aszú bedeutet Ausbruch. Für diesen berühmten ungarischen Süßwein werden durch Edelfäule auf Rosinengröße zusammengeschrumpfte Trauben der Rebsorten Furmint, Hárslevelü und Muskotályos im Weinberg »ausgebrochen«, das heißt per Hand einzeln gelesen. Die Aszútrauben werden in puttonyos, auf deutsch Butten oder Holzbottichen, zerdrückt, zu einem Art Teig verarbeitet und erst dann in ein Faß mit Wein aus nicht edelfaulen Trauben gegeben. Die hinzugegebene Menge, gemessen in puttonyos à 20-25 Kilogramm, entscheidet über Güte, Extraktgehalt und Süße des Tokajer. Süßeste und beste Qualität ist der 6-buttrige Wein.

Trockenbeerenauslese (Abkürzung: TBA)

Edelste Süßweinkategorie Deutschlands, eine aus stark eingeschrumpften, edelfaulen Trauben gekelterte Kostbarkeit. Besonders wertvoll sind Riesling-TBA's.

Traditionelle Flaschengärung

In Deutschland benutzter Begriff für die klassische Methode der Schaumweinherstellung, da der Begriff Champagnerverfahren geschützt ist und nur für Champagner verwendet werden darf. Der Zusatz »traditionell« sagt aus, daß die Hefe abgerüttelt wurde.

Transvasierverfahren

Zwitterverfahren aus Flaschengärung und Tankvergärung. Die zweite Gärung erfolgt zunächst in der Flasche, das Abtrennen der Hefe jedoch nicht durch Abrütteln, sondern durch Filtration wie bei tankvergorenen Sekten. Trotzdem darf der Erzeuger »Flaschengärung« auf das Etikett schreiben, für viele Verbraucher irreführend.

Traubenmostkonzentrat

Anstelle von Rübenzucker wird in Italien, teilweise auch in Südfrankreich, konzentrierter und geklärter Traubenmost aus dem eigenen Weinberg verwendet, um den Alkoholgehalt eines Weines anzuheben. Je nach Art des Konzentrats nimmt diese Methode auch stark geschmacklich Einfluß.

Triage (frz.)

Maßnahme zur Verbesserung der Weinqualität. Nur die besten frischgelesenenTrauben, auf einem Sortiertisch ausgebreitet, werden per Hand ausgewählt.

Tulpenglas

Schlanke, nach oben zulaufende Glasform, die für fast alle Weine geeignet ist. Die Aromen konzentrieren sich im oberen Bereich, dort, wo sich das Glas verjüngt.

Unterlagsrebe

Kreuzung europäischer Edelreben, wie zum Beispiel Riesling oder Chardonnay, mit amerikanischen Wildreben, die reblausresistent sind.

VDP

Verband Deutscher Prädikats- und Qualitätsweingüter mit etwa 200 Mitgliedern.

Verbessern

Alkoholerhöhung durch Zugabe von Zucker in den Most vor der alkoholischen Gärung. In Deutschland nicht erlaubt bei Qualitätsweinen mit Prädikat, also Kabinett, Spätlese, Auslese, Beerenauslese, Trockenbeerenauslese und Eiswein (siehe auch Chaptalisation).

Versanddosage

Gemisch aus Schaumwein, altem Wein oder Champagner (die genaue Zusammensetzung bleibt das Geheimnis des Champagnerhauses) und mehr oder weniger Zucker. Die Höhe der Zuckerzugabe bestimmt, wie süß der Schaumwein oder Champagner schließlich schmeckt. Die Franzosen sagen dazu »liqueur d'expédition«.

Wein

Wine (engl), vino (ital.), Vin (frz.), Vinho (span./port.).

Weinberg, Weinlage

Vineyard (engl.), Vigna oder Vigneto (ital.), Vignoble (franz.), viña oder viñedo (span.)

Weingut

Estate (engl.), Azienda Agricola oder Fattoria (ital.), Domaine (frz.), Bodega (span.)

Weinlese

Vintage (engl.), Vendemmia (ital.), Vendange oder Récolte (franz.), Vendimia oder Cosecha (span.)

Weinstil

Charakterisierung eines Weintyps – ob leicht oder schwer, oder eher neutral. Der Weinstil hilft auch bei der Suche nach Geschmacksharmonien zwischen Wein und Essen.

Weintraube
Grape (engl.), Uva (ital.), Raisin (frz.), Uve (span.)

Winzer
Wine-grower (engl.), Viticoltore (ital.), Viticulteur (frz.), Viticultor (span.)

Weinbereitung
Winemaking (engl.), Vinificazione (ital.), Vinification (frz.), Vinificación (span.)

Weinfehler
Erkennt man meist am schlechten Geruch oder Geschmack. Gegen bleibende Weinfehler wie Essigstich gibt es leider keine Gegenmittel, vorübergehende Weinfehler (Böckser) verlieren sich oft durch kräftiges Schwenken des Glases.

Weinstein
Gelbliche Kristalle, die wie kleine Zuckerkrümel aussehen, aber keine sind, sondern eine Verbindung aus Kalium und Weinsäure. Sie sammeln sich in guten Weißweinen auf dem Flaschenboden und haben im Gegensatz zum Rotweindepot keinerlei Einfluß auf den Geschmack oder - wie oft vermutet den Süßegrad eines Weines. Für Schaumweine gilt, daß sich bei Anwesenheit von Weinstein das Kohlendioxid beim Öffnen der Flasche an der rauhen Oberfläche der Kristalle »entbinden«, also der Schaumwein explosionsartig herausschießt und damit ein große Menge verloren gehen kann.

Winzersekt
Das deutsche Pendant zum Champagner, ein aus Trauben des Weinguts bereiteter, klassisch vergorener Topschaumwein. Die besten werden aus Riesling, Weiß-und Blauburgunder bereitet.

wood chips (engl.)

Eichenholzschnitzel oder Stückchen, die in Weiß- und Rotweine eingerührt werden und durch Auslaugen Holzaromen an den Wein abgeben. Eine sehr billige, aber qualitativ schlechtere Methode als Ausbau und Reife im Barrique-Faß (siehe dort), gebräuchlich in der Neuen Welt.

Zimmertemperatur

Hält sich hartnäckig als Richtlinie für die richtige Trinktemperatur für Rotweine, ist aber ein Relikt aus alten Zeiten, in denen die Zimmertemperaturen wesentlich niedriger waren, der Kamin als einzigster Wärmequelle diente und so die 18 Grad Celsius nie überschritten wurden.

© Gräfe und Unzer GmbH München

Redaktion: Sabine Sälzer
Lektorat: Jürgen Zichnowitz
Gestaltung: Michael Goerden
Produktion: Claudia Zobel
Fotos: Riki Breu: S. 69, 76
Christoph Fries (Rückseite, Klappen-Innenseite vorne)
ROOT STOCK, Hendrik M. Holler: S. 3, 19, 22, 23, 27, 32, 35, 38, 40, 51, 53, 82, 125
SCOPE, Jean-Luc Barde / ROOT STOCK: S. 72, 80
SCOPE, Jacques Guillard / ROOT STOCK: S. 15
StockFood / Tom Eckerle: S. 11
StockFood / S. & P. Eising: S. 47, 71, 74
StockFood / CEPHAS, Judd: S. 84/85
StockFood / CEPHAS, Mick Rock: Titel, S. 20, 25, 30, 33, 42, 45, 46, 49, 58/59, 62, 86, 92/93
StockFood / Bodo A. Schieren: S. 8
Satz und Layoutrealisierung: Buch & Grafik Design, Günther Herdin GmbH
Druck und Bindung: Ludwig Auer GmbH
ISBN 3-7742-4111-2

Auflage   5.   4.
Jahr   2002   01